学級経営サポートBOOKS

新任3年目までに知っておきたい

ピンチがチャンスになる「切り返し」の技術

松尾英明 著

明治図書

はじめに

　昨今，いじめや学級崩壊をはじめ，様々な教育問題が今まで以上に取り沙汰されています。「子どもがキレやすくなった」「話を聴けなくなった」という子どもの問題だけでなく，保護者対応にも一昔前にはない難しさがあります。「モンスターペアレント」に加え「モンスターチルドレン」などという好ましくない言葉も一般化しています。これに対し，教育現場は様々な改革を要求されており，諸問題に対し奔走し，疲弊しているのが現状です。そういった状況が自然と，教職を志す学生や若い先生方が，仕事へ前向きに挑戦することに二の足を踏んでしまっている現状を生んでいるのではないでしょうか。ここにひとつ，前向きに教師の仕事ができるようなメスを入れたいというのが本書の一番のねらいです。

　学校における教育の営みは，日々が真剣勝負です。構えもせずにのんびりやっていると，とんでもない目に遭うことがあります。きちんと構え，どう対応するかをある程度あらかじめ考えておく必要があるのです。本書のタイトルにある「切り返し」は，「防御にして攻撃」という意味合いを込めています。

　本書を手にとった読者の皆様の中には，子どもや保護者への対応で「困った」という経験がある方が多いと思います。本書で紹介するのはそんなときのためのとっさの「切り返し」の方法です。しかし，単純に「こうすればこうなる」というようなハウツーの本にはなっていません。その切り返しの奥にある，「何のために，どういう理由でそう切り返すのか」ということをきちんと伝えたいと思い，各見開きページの最後に**「成功の秘訣」**という形で明記してあります。とっさの対応であっても，実はとっさに思いついたのではなく，根本にきちんとした理由のある対応にしたいのです。

学級の状態でも人間関係でも，マイナスの状態からゼロに引き上げるのは，しんどいことです。ですから本書では，まずマイナスになるような「誤った対応」の失敗例を挙げ，次に**「なぜ？どうして？」**という項目でその失敗の根本的な原因について述べています。これを知ることにより，まずゼロがマイナスになることを防ぎます。

　次に，ゼロの状態からプラスに引き上げる方法として，**「ここで切り返し！」**という項目で，本書の目玉である具体的な切り返しの言葉とその理論について紹介しています。悪いところを直す「治療」よりも「予防」により力を入れた内容になっています。

　本書では「学級づくり」「子どもへの個別対応」「授業づくり」「行事指導」「保護者・同僚」という，教師の仕事をする上で特に重要だと思われる五つの場合について，それぞれの切り返しの仕方を提案しています。どこから読み始めても，必要なところからの拾い読みでも構いません。どこからでもすぐに役立つ内容になっていますが，最終的には通して読んでいただくと，それぞれの切り返し対応の根底を流れる共通した考え方を実感していただけるのではないかと思っています。

　本書が志ある若い先生方の一助となり，教師の仕事を楽しむことにつながることを願ってやみません。

　　　　　　　　　　　　　　　　　　　　　　　　　　松尾　英明

学校現場は常に**真剣勝負**！
対応を間違えると…

大変な目に遭うかもしれません

でも,「切り返し」の技術を身につけていれば大丈夫！

予想＆予防でバッチリ対応！
教師の仕事を楽しみましょう

はじめに 2

序章
「切り返し」の技術で"困った"から脱却しよう！

1 若手の先生が陥りがちな"困った"は，こう発想を転換しよう 12
2 新任3年目までに習得すべき「切り返し」の技術とは？ 12

第1章
学級づくりに楔を打つ！
クラス運営に効く「切り返し」の技術

1 授業の始まりの礼がいい加減なとき 16
2 おしゃべりが多すぎて困るとき 18
3 静かに落ち着かせたいとき 20
4 何度言っても聞かないとき 22
5 言われないとやらないとき 24
6 掃除をきちんとやらないとき 26
7 決まった子どもだけが発言するとき 28
8 一人ずつとゆっくり話したいとき 30
9 クラスに問題が起こったとき 32
10 トラブルにもチャンスにも 34

コラム 「学級崩壊」を経験した子どもたちほど，変わるチャンス 36

第 2 章
トラブルをチャンスに変える！
個別対応に効く「切り返し」の技術

1 暴力行為を繰り返してしまう子どもには 38
2 遅刻を繰り返してしまう子どもには 40
3 やってしまった事実を認められない子どもには 42
4 嘘をつき続けてしまう子どもには 44
5 相手の悪さだけを主張する子どもには 46
6 元気のありすぎる子どもには 48
7 口が悪い子どもには 50
8 発言が苦手で困っている子どもには 52
9 嫌なアプローチをしてくる子どもには 54
10 授業中の立ち歩きが気になる子どもには 56

コラム　子どもが嘘を正直に告白したときには 58

第3章
子どもがイキイキ動き出す！
授業づくりに効く「切り返し」の技術

1 「その漢字は習っていません」と言われたとき　60
2 すぐに問題が解けた子どもがざわついてしまったとき　62
3 求める価値と違った意見が出たとき　64
4 「これ，結果知っているよ」と言われたとき　66
5 教師が答えられない質問をしてきたとき　68
6 苦手なことをやろうとしないとき　70
7 何度トライしても成功しないとき　72
8 失敗して固まってしまうとき　74
9 課題が物足りなかったとき　76
10 「授業がつまらない」と言われたとき　78

コラム　大切なのは「話す力」？「聴く力」？　80

第4章
学級力が試される!?
行事指導に効く「切り返し」の技術

1 行事の練習をまじめにやらないとき 82
2 授業参観で先生も子どもも緊張しているとき 84
3 運動会の練習でクラスがまとまらないとき 86
4 記録が伸びずに悩んでいるとき 88
5 集団運動で仲間を責め始めたとき 90
6 6年生を送る会で，気持ちが入っていないとき 92
7 マラソン練習でいつも最後にゴールする子どもには 94
8 演劇発表会で自分を解放できない子どもには 96
9 合唱発表会で真剣に歌おうとしない子どもには 98
10 卒業式の練習に気持ちが入っていないと感じるときは 100

コラム しつけは「躾」身を美しくする 102

第5章
保護者＆同僚を味方にする！
コミュニケーションに効く「切り返し」の技術

【保護者編】

1　「宿題が多すぎる」と言う保護者には　104
2　「○○してください」の要求が続く保護者には　106
3　子どもに担任の不平・不満を言う保護者には　108
4　我が子の悪いところを並べたてる保護者には　110
5　こちらの意見をなかなか理解してくれない保護者には　112
6　相談事を持ちかけてきた保護者には　114

コラム　「親が悪い」と批判する前に　116
コラム　「モンスターペアレント」のレッテルにご用心　117

【同僚編】

7　ベテラン教師との関係に悩んだとき　118
8　校務分掌が重いと感じたとき　120
9　注意を受けて凹んだとき　122
10　職員会議で提案が通らないとき　124

おわりに　126

序章

「切り返し」の技術で困ったから脱却しよう！

① 若手の先生が陥りがちな"困った"は，こう発想を転換しよう

「どうしたらいいのか，困った……」どんな職種でも，仕事をしていれば必ず壁にぶつかります。教師をしていれば，その主な相手は子どもや保護者になります。

困っているのは，誰でしょう。教師は，子どもの指導がうまくいかないと困ったような気がしますが，実は本当に困っているのは，子どもとその保護者の方です。冷静に見れば，こちらが困ることではないこともしばしばあります。たとえば「学力が伸びない」というような場合なら，教師は「悩みに寄り添っている」と捉える方が適切かもしれません。

現実問題として，教師に一緒に悩んでもらうと，子どもや保護者の気持ちは楽になりますが，根本的解決にはなりません。学級担任は学級の責任者である以上，子どもと一緒に悩むという友達のような横の関係だけでいいわけではありません。指導者としての本領を発揮することが必要です。

困った場面にも，それぞれ適切な方法があります。本書では，それを「切り返し」という言葉で表しています。この「切り返し」の仕方を身につけることで，子どもと先生の悩みを少しでも解決しようというのが，本書の基本コンセプトです。

② 新任3年目までに習得すべき「切り返し」の技術とは？

では，「学級崩壊をしたクラスを立て直せる」という程度の実力・実績がある教師の「切り返し」の技術にはどういうものがあるのでしょうか。

その中の一つが「失敗事例を多く知っている」というものです。これは，本人の経験以外に，他の人の事例で見たことや聞いたこと，本で学んだことなど様々です。いずれにしても「不適切な方法を知っている」ということが大切です。

「これをやればうまくいく」という方法が少ない一方で「これをやれば失

敗する」という方法は多いのが現実です。つまり、失敗する方法をまず学び、その上でうまくいく可能性のある方法を学んで試す、というのが本書で提案したい学び方の手法になります。

本書は、各事例について見開き2ページになっており、中身は
1　失敗事例
2　事例の背景と原因（なぜ？どうして？）
3　切り返しの仕方（ここで切り返し！）
4　成功のポイント（成功の秘訣）

という4段階で構成されています。1の失敗事例を読むだけでも、実際教室で起きる失敗のかなりを予防できると思います。「不適切な方法を知る」というのが、危険を防止する上で最も大切なことだからです。

運動会などで用いる紙雷管（いわゆる「ピストル」の火薬）を製造するあるメーカーの入れ物に「危険であることを忘れないうちは安全である」という言葉が記されていますが、まさにそれです。危険な行為を知ることが、安全への第一歩です。

安全が確保されて、初めてチャレンジができます。登山にたとえるなら、天候やコース、途中に予想される全ての危険を知ってこそ、準備万端で臨めるはずです。挑戦するためには、準備が必須です。

志あるチャレンジングな学級経営を目指すからこそ、失敗例とその切り返し方を身につけておこうというのが、本書の基本コンセプトです。

そういった視点で、次章から、一緒に多くの「切り返し」の技術を身につけていきましょう。

第1章

学級づくりに楔を打つ！
クラス運営に効く「切り返し」の技術

　「クラス運営」という大きな視点で，全体への対応を考えていきましょう。しっかりとした全体指導が土台にあるからこそ，後の個別指導も生きてくるからです。

　この章では，よくある困った反応やトラブルを，チャンスに変えていく切り返しを紹介していきます。

　失敗事例と切り返し成功事例を見比べて，自分なりの成功のルールを見つけ出してみてください。

授業の始まりの礼がいい加減なとき

▶礼の意味まで考えさせよう

　授業の始まりに，日直が号令をかけようとするが，座らない子・手いたずらをする子がいてざわざわした空気。日直の「静かにしてください！」という大きな声が何度も続き，やっと「礼」ができたのは，授業開始予定時刻を5分も過ぎた頃。時間をかけた割に礼もそろわず，いい加減な雰囲気が漂っています。気づけばいつも授業時間が足りず，休み時間まで延びてしまうことの繰り返し。すると子どもたちがまた遅れて着席する，という悪循環が生まれてしまいました。

なぜ？どうして？

　号令はそもそも，有無を言わさぬ上意下達の命令です。そこに思考は必要ありません。多くの人に同時に同じ動作をさせるための言葉であり，「言われた通りに即従う」ということを求められるのが号令の特色です。たとえば，軍隊では命の危険にさらされるため，号令に素早く従うのは必須です。号令がかかっているときに，各々が自分の考えで従うかどうかをいちいち判断していたら，その場で死んでしまうかもしれません。また，行進やマスゲームのように，一糸乱れぬ動きが求められる場でも活用されます。

　これを，教室の場合で考えてみます。果たして，従う意味は何でしょう。命が取られるというわけではないのに，進んで従おうとするでしょうか。もっと言えば，日直という立場の子どもに号令をかけさせる理由は何でしょう。そのあたりの意味を理解しないで「号令」として用いていることに，この失敗の原因があります。

ここで切り返し！

「礼」の号令の後で、おもむろに次のように問います。

切り返しワード　誰に対して礼をしているのですか？

「何のために」ではなく、「誰に」と問うているのがポイントです。「誰に」という問いにすれば、より具体的に考えられます。普通は「先生」と答えるはずです。子どもたちは「他にいるのか」という顔をします。そこで、次のように語ります。

「礼は、目の前にいる先生だけでなく、共に学ぶ仲間、送り出してくれた家族、そして、算数ならそれを大成していった数学者も含め、関わる全ての人への感謝を込めて行います。だとしたら、どんなふうに礼をするのがよいのでしょう。自分でも考えてみてください」。

さらに、授業前に「気をつけ」の号令をかけるのは、なぜなのか問うてもいいでしょう（細かいことですが、「気をつけ」は直立姿勢で行うもので、座っていてはできません。言葉を自覚的に用いる必要があります）。日直が行うのもなぜなのでしょう。そこに教師の明確な意図があり、それを子どもが理解した上で従っているのなら、大丈夫です。礼一つでも、知的な子どもを育てるための教育の場とできるのです。

成功の秘訣
・「号令」は便利である分、その意味をあらかじめ教えてから使う。
・「誰に礼をしているのか」という問いで礼をしている対象を広げて考えるようにし、その行動の意味を深く理解させる。

おしゃべりが多すぎて困るとき

▶「顔のつくり」に注目させよう

　活発な教室——そういうと聞こえがいいのですが，よくよく実態を把握すると，誰かが話している途中でもお構いなしに口を挟むことが多く，話に集中できない教室になっていました。
　当初は，特定の子どもだけがうるさかったので，教師も「黙って聴きましょうね」と注意をしていたのですが，やがて，クラス全体が何となく話に集中できなくなり，騒がしくなってきました。だんだんと他の子どもも話の途中でおしゃべりをするようになってきたのです。

なぜ？どうして？

　何か投げかけても全く反応がなくシーンとしている教室は授業がやりにくいものですが，勝手な発言やおしゃべりが多すぎる教室も同様に授業がやりにくいものです。この場合，一部の「意見が活発」な子どもに主導権を握られてしまっています。たいてい，こういった子どもは声も大きく，しかも思いついたことを熟考せずにポンポンと連続で発言してしまいます。したがって，全体で取り上げてみんなで考えるべき価値ある意見である場合は少ないのですが，つい話の中心になってしまいがちです。これでは，他の子どもの大切な声を聞くことができません。「聴く」ということの大切さを全員が共通理解する必要があります。

❗ ここで切り返し！

ここでは，人体のつくりと漢字のつくりを使って，知的に話を聴くことの大切さを教えていきます。

> **切り返しワード**　口は一つ，目と耳は二つずつ。なぜ？

それは，「話すことより見たり聞いたりする方が大切だから」です。例として，10人が集まるような場面を考えさせます。「よくしゃべる人とよく聞く人，どちらがより多く必要でしょう？」よく聞く人がいなければ，集団での話し合いは成り立ちません。1人がしゃべっている間に，9人は聞いている状態です。仮に順番に全員が話したとしても，時間としては1割しゃべって9割聞いていることになります（実際には，ある人が9割しゃべって，残りの9人はずっと聞いているというようなことも少なくありません）。

さらに，「聞」と「聴」を大きく板書します。「『聞く』は耳に音声が入ること全てを指すが，『聴く』は音楽を聴くというように，意識を向けるときに使う。『聴』という字は，『耳』＋『目』＋『心』。全身で聴こう」と語ります。その後は「全身で聴けているかな？」と言うだけでOKです。また，併せて「言葉多ければ品少なし」といった諺を教えることも有効です。話すこと以前に，聴くことの大切さを強調していきましょう。

「聴く」という字は『耳』＋『目』＋『心』からできている！

✦ 成功の秘訣

・学力として，話す力以上に聴く力を優先する。
・全身で聴くということの意味を，漢字を通して伝えていく。

静かに落ち着かせたいとき

▶他に意識を集中させよう

　いつも騒がしいある1年生の教室。担任の代わりに入ったA先生。教室は完全な騒乱状態。話をきくどころではないという状態です。「みんなー，静かにしましょうねー」と優しく言っても聞く耳を持ちません。「静かにしましょう」が「静かにしなさい」になり，最後は「いい加減にしなさい！」に……。しかし，騒乱状態は止まりません。結局，担任が戻って来て静かにさせるまで教室は騒がしいままでした。

なぜ？どうして？

　「静かにする」とは一体どういうことなのでしょう。

　普段から騒がしい教室の場合，耳が騒音に慣れてしまっている可能性があります。そうすると，騒がしいのも気にならなくなってしまいます。「活発な発言が出る」のと「騒がしくて落ち着かない」のは，全く別ものです。この例の場合は，単に騒がしいだけなので，どの子どもにとっても教室が落ち着かない環境といえます。加えて，発言する子どもの声も，まともに聞いてもらえない状況です。

　「静けさ」は授業環境の基盤であり，授業中は静かな方が集中できます。「静けさ」の中であれば，教師の指示がよく通り，友達の発言もよく聞こえ，思考も深まります。「静けさ」のある教室環境は，どの子どもにとってもありがたいものです。そしてこの「静けさ」は担任がつくる必要があります。

ここで切り返し！

クラスが騒がしくて落ち着かないと思ったら，次のように言ってみます。

> **切り返しワード**　○○の音を聞いてみよう。

「○○の音」に入るものは，虫の声でも，風の音でも，雨の音でも，音楽室の歌声でも構いません。全員で静かに耳を傾けるという経験が大切です。

この指示では「静かにしましょう」とは一言も言っていません。ただ，音を聞くためには，静かにする必要が出てきます。岩下修氏の有名な「AさせたいならBと言え」という指示です。

「静けさ」というのは，聴覚的に余計な情報が入らない状態です。
「静けさ」の中であれば，教師の指示がよく通ります。
「静けさ」の中であれば，友達の発言がよく聞こえます。
「静けさ」の中であれば，思考が深まります。
「静けさ」は，特別な支援を要する子どもはもちろんのこと，どの子どもにとっても学習しやすい環境といえます。

「静けさ」をつくることで，そのよさを体感させるようにしましょう。

成功の秘訣
- 「静けさをつくる」という体験を一度でも全員で共有し，よさを体感する。
- 「AさせたいならBと言え」の発想で，間接的に「静けさ」をつくらせる。

何度言っても聞かないとき

▶何度も同じことは言わない

　クラスには，様々な守るべき「約束事」や「マナー」があります。「廊下を走ってはいけません」といった安全上のことから「靴をそろえましょう」「姿勢は正しく」「あいさつをしましょう」といった心がけに関するものまで様々です。守らせたい点について，毎日毎日，耳にたこができるほど注意しています。しかし，どんなに言っても一部の子どもだけが守って，あとはみんな上の空。いつも同じことを言っている気がして，言っている自分自身がもう嫌になってしまいました。

なぜ？どうして？

　「何度言ったらわかるの！」は，世の親と先生方の常套句です。この言葉の裏には，「言えばわかる」という，誤認があります。言ってわかるようなら，とっくの昔に直っているはずです。論理的に考えて，言って直るなら，前担任の時点で直っているはずです。その「数々の試練をくぐり抜けた猛者」が，今目の前にいる子どもです。「何度言ったらわかるの！」への正直な子どもの側の本音は「何度言われても忘れるの」かもしれません。

　つまり，言われている内容に対し，切実感がないわけです。大切なのはわかっています。決してわざとルールを破っていたり，悪気があったりするわけではありません。しかし「自分事になっていない」という状態です。ここをどれぐらい「わかりたい，直したい」と思わせるかがポイントです。そして，ルールは多いほど守られないというのも考えるべきポイントの一つです。

ここで切り返し！

いつも同じ攻め方をせず，肯定的アプローチに切り替えて伝えます。

切り返しワード 　前よりよくなっているね！

　この言葉に，根拠はいりません。真実もいりません。ただ，担任する先生がそう捉えたというのが子どもにとっての「事実」です。正確には「よくなっている気がしないでもない」あるいは「頼むからよくなってほしい」なのですが，「よくなっている」という断定的な言い方が，最も目的に近づくことになります。しかも，現在進行形の言い方なので，あながち嘘でもありません。教師が口に出した瞬間から，よくなっていきます。心理学でいう「ピグマリオン効果」が働きます。

　また「よくなっている」と言われると，そこからさらに悪くはなりにくいものです。ほめるポイントは，あれこれ直したい中の，一つに絞ります。たくさん直させたいところがあっても，一点に絞ることが大切です。

成功の秘訣

- 以前と同じ言葉で何度言っても効果はないと心得る。
- 聞いてほしいところについて，根拠もなくほめる。
- 聞かせたいところを欲張らず，一つに絞る。

言われないとやらないとき
▶逆思考で問おう

　一見静かで落ち着きのあるクラス。しかし，どこか活気が感じられません。

　担任のA先生は，はきはきしていて，よく気がきく世話好きの先生。細かいことにも指示がとび，動きが遅い子どもには，自分が代わりにさっと全部やってあげてしまいます。教室環境も先生がパソコンで作った掲示物が中心で，見た目もとてもきれいです。

　しかし，自習時間はA先生がいないと，朝の会も始まらない，給食の準備もできないという有様です。出張などのときに代理で教室に入る先生たちからは，「子どもたちだけでは何もできない」という評価を受けるクラスになっていました。

なぜ？どうして？

　教師の指示待ちクラスが出来上がっているのがこの状態を生む原因です。「〜しなさい」と，行動指示だけをし，子どもはその通りに動いています。こういうことを繰り返していくと，危険です。行動指示だけの命令は，考えないで指示通りに動く「指示待ち人間」の製造工程と同じことだからです（私は「ロボット化」と呼んでいます）。一見素直に見えますが，大きな欠点があります。それは，言われないと自分から動けないということです。無思考で従っていればうまくいくので，もともと動けるはずの子どもも自分で考えて動くことをしなくなります。学校は，意思決定を自分自身でできる人間に育てる場でなくてはなりません。

❗ ここで切り返し！

　自分で意思決定する力は，常に「なぜ」と「何のために」を考えることでついてきます。それには，逆思考が効果的です。なぜ，何のためにそれをするのかを直接考えさせる代わりに，次のように問います。

切り返しワード　〇〇しないと，どうなりますか。

　例を挙げると，次のようなものがあります。
○あいさつをしないと，どうなりますか。
○朝の歌を歌わないと，どうなりますか。
○掃除をしないと，どうなりますか。
　少し応用して，次のように別の選択肢を示すようにしてもよいでしょう。
○分担をしないで掃除をすると，どうなりますか。
○鉛筆を使わないでシャープペンシルを使うと，どうなりますか。

　こういうことを常日頃から問うことで，子どもたちは「なぜ」「何のために」を考えて行動することが増えます。加えて，子どもによく言って聞かせるのが「先生がいなくても大丈夫になったら最高」という言葉です。自分たちが学級の主役なのだという自覚をもたせ，プライドを根づかせたいものです。

✨ 成功の秘訣

・機械的に従う子どもをほめない，認めない。
・面倒でも，常に「何のため」を問う。自分で意思決定できる，本当に頭のよい子どもを育てる。

掃除をきちんとやらないとき

▶美点凝視でほめることを切り口に

> 掃除の時間，担任のA先生はいつものように見回りをしています。さぼっている子どもがいれば叱り，クラスでお説教を繰り返しました。そのうち，みんな「まじめに」「きちんと」取り組むようになったのですが，掃除終了後に見回ってみると，おかしなことに掃除場所はほこりだらけで汚いままでした。実は，見回りのタイミングを見計らって，そのときだけまじめに掃除をやっているふりをしていたのです。掃除場所の汚さと比例して，子どもの心も汚れていきました。

なぜ？どうして？

　人間の脳は「見たいものだけを見る」という性質があるそうです。さらに「人は，見ているもののようになる」ともいいます。つまり，よい方に着目していればよいものばかりが目に入って，実際によくなり，悪い方に着目していれば，悪いものばかりが目に入って，実際に悪くなるということです。

　この事例では，悪い方に着目し続けたので，周りがそれに似てきたというだけのことです。どうすれば叱られないか，どうすればうまくさぼれるかを教育していったことになります。根本的な基本対応が間違っています。見て回ることが，「パトロール」になってしまったのです。

ここで切り返し！

掃除が終わった後，クラス全員に向かって，がんばっていた子どもの姿を紹介します。キーワードは次の言葉です。

切り返しワード あなたがいれば大丈夫。

つまり，よくやっている子どもに着目させていきます。掃除なら，周りがふざけていようが気にせず自分の仕事に没頭している子どもや，仲間の分までサポートをしている子どもです。一回の掃除では判断できないので，何度見てもそういう状態の子どもを一人でいいから見つけます。その子どもがどんなふうにやっていて，それに担任としてどう感動したのか，なるべく具体的にほめます。そして，全体の前で「あなたがいれば大丈夫」と断定します。

続けて，「だって，他の人もそういうふうになっていくから」と周りの子どもの未来の姿と重ねるために，次のエピソードも話します。京都の「悟りの八百屋さん」と呼ばれる方の「マヨネーズの作り方」のお話[※]です。

「マヨネーズは卵，油，酢を混ぜてできます。しかし，この三つは簡単には混ざりません。それが，あるものを一滴入れるだけで，さっと全て混ざってしまうのです。何を入れると思いますか？　……実は，『一滴のピュアなマヨネーズ』が答えなのです。自分が，その純粋な一滴になることです。○○さん，あなたがいてくれれば，クラスみんなが，掃除ができる人になります。そうしたら，次のクラスでもみんなが掃除をできる人になっていって，やがて全校がきれいになります。頼りにしていますよ」

この後は，影響を受けてよくなった子を探してほめて回ることに徹していきましょう。

[※]出典…山﨑拓巳『アッサリ「夢」実現法』（ツタヤビジネスカレッジ）

成功の秘訣

- よいもの探しの「美点凝視」の視点で見る。悪いところは一旦目をつぶる。
- 見回りは，がんばっている子どもの姿を探すために行うと心得る。

決まった子どもだけが発言するとき
▶「よい答え」を求めるのをやめよう

　ある日の学級会。子どもたちは「お楽しみ会で何をやるか」について話し合っています。
　「お化け屋敷」「お菓子パーティー」「全校鬼ごっこ」と様々な企画が出てきますが，どれも学校事情でやれそうにありません。担任はアイデアが出るたびに「それはこういう理由で無理」と口をはさんでいきました。話し合いはどんどんしぼんでいき，決まった子ども以外全く発言しない学級会になっていきました。やがて，「もっと自由に発言しなさい」という担任の言葉も，子どもたちに届かなくなりました。

なぜ？どうして？

　学級会の運営を子どもに任せるということは，教師が，「自由に動いてよい」という許可を与えることと「責任を取る」という覚悟をもつことが必要です。つまり，ある程度のやり方を教えて，本当に困るときだけ口をはさむという約束をした上で，あとは見守るということです。いちいち口をはさんでしまっては，任せたことにはならないので，結局自由な話し合いは望めません。よいアイデアだけを認め，称賛していけば，「先生はどんな発言を求めているんだろう」というように，教師の顔色をうかがうだけのつまらない学級会になっていきます。ここでは学級会を例に挙げていますが，通常の授業でも同様です。教師の期待する解を求めるような授業を繰り返していると，「当てっこ」のような授業になっていきます。教師の期待通りに動かそうという意識をまず捨て去る必要があります。

ここで切り返し！

そもそも，「よいアイデア」というのは，そう簡単に出るものではありません。実現不可能なものも含めて，たくさんのアイデアを出すことが大切です。その中に「これだ」とみんなが思えるものが一つ見つかればいいのです。そこで，たくさん意見が出た時点で，次のように伝えます。

切り返しワード　発言しただけで，100点満点。

つまり，優れた意見を出すことに価値を置きません。どんな意見も認めていき，なるべくたくさんの子どもが発言できる学級会を目指します。

そもそも，学級会において目指すものは何なのでしょうか。学習指導要領の「学級活動」の目標には「学級活動を通して，望ましい人間関係を形成し，集団の一員として学級や学校におけるよりよい生活づくりに参画し，諸問題を解決しようとする自主的，実践的な態度や健全な生活態度を育てる。」とあります。つまりは，子どもの自治能力の向上です。教師があれこれ口出ししてコントロールする場ではないということです。まずは「参画」させること。そのためには，一人でも多くの発言を求めること。アイデアを出したこと自体に「いいね！」と言い合える関係づくりを目指していきます。

成功の秘訣

・「よい意見」を求めない。まずは質より量が大切。
・「教師の都合」より「子ども集団の成長」を優先する。

一人ずつとゆっくり話したいとき
▶日記を活用しよう

　Ａ先生は誠実な人柄。いつも一人ずつに丁寧に対応します。話をじっくり聞いてもらえることもあって、休み時間は教卓の周りに人だかりができています。みんなが順番に話しているので、途中で切ることもできず、授業の開始が遅れることもしばしば。でも、子どもの心をつかんでいるし、これでいいと思っていました。

　ところが面談の日、Ｂさんの保護者から「Ａ先生はうちの子どものことを全然見てくれていない」と言われてしまいました。Ｂさんはおとなしく、どちらかというと目立たない子どもです。そういえば、休み時間、Ｂさんとお話をしたことは一度もありません。続けて、Ｃさん、Ｄさんの保護者にも、同じように言われてしまいました。子どもの心をつかんでいると自負していたＡ先生は、すっかり落ち込んでしまいました。

なぜ？どうして？

　そもそも、自分から教卓に寄ってくるような子どもは、もともと自己主張ができてコミュニケーション能力が高い子どもたちです。意識せずともつながりやすい子どもたちと言えます。一方、そうでない子どもはつながりを求めていないかというと、そんなことはありません。先生と話したくても話せないのです。そうした子どもたちが抱いていた最初の好意は、やがて不満へと変化していきます。クラスの活発な一部の子どもに目を奪われて、全体掌握を怠ることの危険性を認識する必要があります。

ここで切り返し！

まんべんなくクラス全員の話を聞くのは大変です。でも，聞いてもらいたい子どもはいます。そこで，次の切り返しです。

切り返しワード　　それ，日記に書いて！

日記指導のやり方は様々ですが，「毎日書かせる」「全員に書かせる」ということが大切です。分量は，だんだん増えていくように指導すればよいので，最初は少なくても大丈夫です。

この切り返しで，活発でおしゃべり好きな子どもは，書くという行為によって熟考せざるを得なくなります。重要なことなら長く書いてくるでしょうし，大した用事でなければ，短くすむでしょう。

また，話すのが苦手な子どもとは，ここでつながれます。日記でなら今日あった出来事や悩みについて，思う存分伝えることができます。文字にするだけで，気持ちがすっきりする作用もあります。日記という自己表現の場を全員に保障することで，クラスのどの子どもともつながることができ，先の例のような不満はかなり防げます。

成功の秘訣

・活発な子どもに引っ張られない。しかし，きちんと相手をする。
・目立たない子どもにも目を向ける。話さないことと話したくないこととは別。

クラスに問題が起こったとき
▶自分たちで解決させるために学級会を活用しよう

　A先生のクラスでは，子ども同士のちょっとしたトラブルが頻発します。その都度，先生が出ていっては解決していました。子どもたちは何でもやってくれるA先生を信頼しており，「A先生に任せておけば大丈夫」と思っています。
　しかし，二学期，三学期になってもトラブルがなくなることはなく，常にA先生に解決をゆだねている状態でした。周りからは「大きなトラブルも起きない落ち着いたクラス」という評判を得ていましたが，クラスが変わり，上の学年になった子どもたちは，その後も問題を頻発させました。

なぜ？どうして？

　とにかく全て大人が先回りしてやってしまったという典型的事例で，家庭教育でもありがちな失敗です。子どもに必要なことは，問題を解決してあげることではなく，問題を解決できる力をつけてあげることです。老子の言葉に「授人以魚　不如授人以漁」というものがあります。翻訳すると「魚を授けるよりも，漁の仕方を授けよ」ということで，つまりは一時しのぎでなく，一生役立つものを授けよということです。やってあげるのではなく，やり方を教えるのです。トラブルは，神様がくれた成長のための試練であり，チャンスであるという捉え方もあります。せっかくのチャンスをドブに捨てるような行為は慎むべきです。トラブルは，問題解決力をつける最大のチャンスです。

ここで切り返し！

先生が解決するのではなく，自分たちで解決させます。何か問題が起きたり訴えがあったりした場合，次のように切り返します。

切り返しワード　それ，議題に出してみよう！

前提として，学級会を自分たちで運営していくということがあります。つまり，学級の時間は他の授業と違い，自分たちで使う時間であるという自覚をもたせていきます。学級会の議題として提出し，自分たちで話し合って解決させていきます。

このためには，「クラス会議」という手法が有効です。クラス会議については，様々な文献が出ていますが，次の本をおすすめします。

諸富祥彦監修・森重裕二著『クラス会議で学級は変わる！』（明治図書出版，2010）
赤坂真二著『赤坂版「クラス会議」完全マニュアル　人とつながって生きる子どもを育てる』（ほんの森出版，2014）

成功の秘訣
・クラスの問題は自分たちの問題と捉えさせ，責任をもたせる。
・教師はクラスのコーディネート役として，相談役に徹する。一方で，最高責任者である自覚は忘れない。

トラブルにもチャンスにも
▶「学級目標」で切り返そう

　A先生のクラスでは，子どもたちは活発なのですが，トラブルが絶えません。B先生のクラスでは，トラブルこそないものの，全体的に覇気がありません。そのうち改善されるだろうと思っていたら，一年経ってもそれぞれの状態はよくなるどころかエスカレートする一方でした。
　一年間の振り返りを書かせたら，個々に自分の成長は書けるのですが，クラスのことを書く子どもはほとんどいませんでした。それぞれの場面ではそれなりにがんばってやってきた自負があるだけに，残念な気持ちのままでクラスが解散となりました。

なぜ？どうして？

　野球やサッカーのチームならば，大会での優勝など共通の目標が常にあり，集団の目指す方向性が明確です。もともとが「これをやりたい」という子どもだけが集まっている「同好の士」による集団ですから，取り立てて目標を確認しなくても，ある程度チームとしてまとまりのある行動ができます。
　一方学級は，意識させないと，「烏合の衆」になりがちです。学級の場合，本人たちが望んで集まった集団ではないからです。意思とは別の偶然による集団といえます。したがって，それぞれが自分勝手に無目的に動き回っていては，集団としてまとまらず，前進もありません。目標が曖昧であると，トラブルに発展したり，チャンスが失われたりします。ここをまとめてくれるのが，学級目標です。つまり，学級目標の意識化がカギです。

ここで切り返し！

大きな行事だけでなく，普段の授業や掃除のようなあらゆる場面で，次のように問います。

> 切り返しワード　**学級目標に近づいているかな？**

まずは，学級目標が設定されていることが前提です。学級目標を設定しない場合，その活動そのものの目標でも構いません。ただ学級目標なら，全ての活動に共通して使えます。

すなわち，目標にかなった活動であれば○で，そうでない場合は×ということです。自分たちでつくった目標であれば，なおさら説得力が増します。

次のような話もします（この話は，国語の大家である野口芳宏先生の語りをもとにしています）。

「私たちの学級は，大海に浮かぶ船のようなものです。みんなが好き勝手に船を漕いだら，どうなるでしょう？　ぐるぐる回っているだけになります。目標に向かって力を合わせるからこそ，進むべき場所へ近づけるのです。学級目標に近づけるよう，クラスで力を合わせていきましょう」

なお，学級目標の設定の仕方については，次の本をおすすめします。

赤坂真二編著『最高のチームを育てる学級目標 作成マニュアル＆活用アイデア』（明治図書出版，2015）

成功の秘訣

・学級目標にみんなが向かっていれば，チームになれる。
・常に学級目標に立ち返り，方向をそろえる。

> コラム

「学級崩壊」を経験した子どもたちほど，変わるチャンス

　この学級づくりの章のまとめのコラムとして，「学級崩壊」について書きます。

　「学級崩壊」やそれに類する経験をしてきている学年を受け持ちたがらない先生は多いと思います。しかし，実はこういう子どもたちこそ，指導しやすいとも言えます。

　なぜなら「変わりたい」「変えてほしい」「助けてほしい」という欲求が強いからです。崩壊した場合であっても，崩壊の中心にいる子どもすらそれを「よし」とは思っていません。子どもは，本質的にみんなほめられたいし，学校に来て，よくなって帰りたいのです。崩壊している中にいて，何もできずに苦しんでいる子どもは，なおさらです。だから，厳しくても「改革」や「善導」をしてくれそうな希望が感じられる教師は，歓迎されます。ただ，表面的にはそういうふうに歓迎しにくい雰囲気なので，反応が悪いように見えるだけです。内心「今度こそ！」と思っている子どもが大多数です。

　次章のテーマは「トラブルをチャンスに変える！」です。困難を抱えている子どもほど，変わるための「のびしろ」があります。前向きな視点での切り返しを見ていきましょう。

第2章

トラブルをチャンスに変える！効く
個別対応に「切り返し」の技術

　子どもは，よくも悪くも期待している通りになります。担任する子どもが「激変した」という評価をもらうとき，そういう子どもに対してしたことを振り返ると，共通項があります。それは，「期待して，信じて，やらせて，できたときにめちゃくちゃほめた」ということです。

　我々大人の視点から見ると「困る子ども」がいます。しかし実はそうではなく，子どもの側の視点に立つと「困っている子ども」として見えます。ここでは，そんな「困っている」子どもへの個別対応に効く切り返しを紹介していきます。

暴力行為を繰り返してしまう子どもには

▶必ず変わると信じて伝え続けよう

　A君はいわゆる「札付きの不良」タイプの子ども。暴力による事件を頻発しています。怒りやすく，カッとなるとすぐに手が出るので，周りの子どもも怖がって近づきません。ときには，対教師暴力も起きました。先生たちも手を焼いていて，中には「A君を担任するのは怖い」と避けられる有様です。
　当然，周りの人たちみんなが腫れ物を扱うようになり，A君はますます孤立し，乱暴になっていきました。完全に見放されている状況で，荒れたまま中学へ進学し，そこでも暴力事件や警察沙汰を頻発。やがて，中学校には行かなくなりました。

なぜ？どうして？

　暴力行為を繰り返す子どもは，一昔前には中学校で多かったのですが，最近は小学生でも顕著です。
　暴力行為を繰り返す子どもは，自己肯定感が著しく低いことが多いです。「どうせ俺（私）なんか」という思い込みがあるため，まるで周りが全て敵のように見えています。周囲も恐れて接しているので，その思い込みはますます強くなります。また，場合によっては，暴力を強さとはき違えており，「暴力は悪い」という自覚すらないこともあります。
　こういった子どもが，一回の指導で変わるということは，まずありません。「自分は悪」という思い込みが強力であり，暴力で解決する習慣がついているためです。それが，楽で手っ取り早いと知っているのです。

⚠️ ここで切り返し！

こういった子どもに「力に対して力」では解決しません。学級開きの時点で，全ての子どもに対して「みんなの安全を守る」「いじめや暴力行為は許さない」という宣言をし，その他できる限りの予防対策をとった上で行うのがこの切り返しです。

> **切り返しワード** 信じているよ。

暴力行為が起きたら，「けがをした相手へのケア」「何があったのかを聞く」といった通常やるべき諸々の指導を全て行います。

そして，その後かけるのが，「信じているよ」という言葉です。彼らは「信じている」という言葉をかけられることが少なく，心に染みやすい傾向にあります。さらに，「あなたは必ず変われる」と断定します。

彼らは「信じているよ」と言われても表面的にはムスッとしているので，一見伝わっているようには見えませんが，実はきちんと伝わっています。

家庭に事情があったり自己コントロール力に問題があったりなど，配慮が必要なことも多いですが，「信じている」と言葉に出して伝え続けることです。

「信じている」という言葉には，子どもを変える大きな力があります。

✦ 成功の秘訣

- 過度な期待をしないこと。100回裏切られる前提の「前向きな諦め」。「そう甘くない」と悠然と構えての根気比べである。
- 「期待する像」は大きく，「実現確率」への期待は低めに。
- トラブルの際に暴力をこらえて解決することが一度でもあれば，そこが変化のチャンス。確実にほめる。

遅刻を繰り返してしまう子どもには
▶来たこと自体をまずは認めよう

　A君はいわゆる遅刻の「常習犯」。前年度からもその傾向があり，何度注意しても，一向に改善が見られません。
　ある日担任は，いつものように遅刻してきたA君に対し，「何度注意したら直るの」と強く叱りました。
　次の日，A君は学校を休みました。担任が訪問しましたが，A君の母親によると「遅刻するぐらいなら行かないと言い出して……」とのこと。
　その日から，A君は学校をよく休むようになりました。

なぜ？どうして？

　そもそも，遅刻が習慣化しているような子どもは，心のどこかで問題を抱えているものです。様々な事情で保護者と十分なコミュニケーションがとれていないのかもしれません。家庭内で，子どもの力ではどうにもできないトラブルが発生しているのかもしれません。他にもいろいろ考えられますが，何らかの事情で生活習慣が乱れており，それに本人が苦しんでいると考えるのが，適切な対応につながります。

　ただ，全く指導をしないのも考えものです。教育は「常時善導」ですから，いつまでも好ましくない状態でいることをよしとするわけにはいきません。指導はしますが，それも相手の自尊感情を高めてからのことです。つまり，即時に解決しようとするのではなく，長い目で見て改善させていこうという長期的視点がここでは必要になります。

ここで切り返し！

朝，遅刻して教室に入ってきたときが切り返しチャンスです。即座に次のように言うことを決めておきます。

> **切り返しワード**　よく来たね，よかった！　安心したよ。

その上で「それで，今日はどうしたの？」と事情を聞きます。まずは相手を慮る→事情を聞く，という順番です。

たいてい「寝坊しました」とか，その類のことを答えるでしょう。それには，

「そうか。明日は遅刻しないように，がんばってね」

これだけです。なぜかというと，担任にとって一番困るのが，来られる状態にもかかわらず休まれることです。

「遅刻していくと，怒られる」→「じゃあ，休んじゃおう」

こうなったら，叱ったり怒ったりしたことが結果的に全てマイナスになってしまいます。遅刻でもがんばって登校した子どもには歓迎の意を示すと「自分は先生に受け入れられている」と感じ，自尊感情が高まります。それが叱るよりも結果的に遅刻を減らし，欠席をなくしていくことにつながります。ほめることができる行為ではなくても，喜ぶことはできます。

成功の秘訣

- 「遅刻したって，来てくれるだけでありがたい」というマインドをもつ。その思いを言葉と態度でダイレクトに伝える。
- 「苦しい状況で，よく休まずに来てくれた」と考える。「遅刻して叱られるぐらいならさぼってしまおう」という発想で不登校になるよりよほどいい。
- 子どもがいない教室に，教師の存在価値はないと心得る。

やってしまった事実を認められない子どもには

▶認められないことを認めてあげよう

　地域の方から学校へ一本の苦情の電話。どうやら，下校途中に石を蹴りながら帰っていた子どもがおり，石が当たって車に傷ができていたとのこと。全校一斉に下校した日だったため，目撃した子どもが多数おり，石を蹴って帰っていたのは6年生のA君でほぼ間違いなさそうです。
　担任と生徒指導主任で，本人を呼び出して事情を問いただしても，A君は最後まで事実を認めませんでした。その後も，A君は卒業まで校内外問わず事件を起こし，そのたびに目つきもきつく鋭くなっていき，担任との関係も悪化の一途をたどってしまいました。

なぜ？どうして？

　悪いことをしたのに嘘をつくのは，自己防衛本能です。恐らく，その子どもは，本当のことを言ったためにひどい目にあった経験があるはずです。つまり，本当のことを言うと，ろくな目にあわないと体験的に知っているのです。意図的な嘘かもしれない一方で，無意識についてしまっている嘘の可能性もあります。よって考え方と心が変わらない限り，絶対に事実を認めません。

　もう一つ考えられるのは，高機能自閉症などの特別な支援を要する子どもの場合です。やってしまったことが記憶から消えて，事実を書き換えてしまう子どもがいます。この場合，どんなに明確な事実を示しても，自分の記憶と適合しないので，絶対に認めません。問い詰められるほど自分が被害者だと思い込み，相手を加害者とみなして逆恨みするようにすらなりかねません。

ここで切り返し！

前記のどちらの認識パターンにせよ，断定は失敗のもとです。この場合は曖昧に「蹴った『かも』しれなかった？」で突破口が開くことがあります。

切り返しワード　そうだった「かも」しれない？

もっと柔らかくのみ込みやすくして「多分，可能性は低いかもしれないけれど」「車には当たってないかもしれないけれど」などと付け加えます。100の事実のうち，1をきちんと認めさせることで，残りの99につながっていきます。

事実を認めた後は，心を開いて話してくれたことに対し「本当のことを言ってくれてありがとう」と伝えます。もちろん，行為自体に対しては反省を促し，場合によっては一緒に謝りに行き，二度としない約束をすることなどは他の指導と同じです。

個別対応

○○かもしれなかった？

成功の秘訣

- 事実でごり押ししない。事実自体は実は認識済みと見る。
- 弱い自分を守るために突っ張らざるを得ない気持ちをくんであげる。
- 「もしかしたら」「かもしれない」を上手に使う。
- 「あなたを必ず守る」「責任を一緒にとる」という姿勢を常にもって接する。

嘘をつき続けてしまう子どもには

▶理解を示して

　A君は「嘘つき」ということで学年中の子どもに名が通っています。自分に不利なことがあると，すぐに嘘をついて言い逃れようとします。様々な人が見て確証がある場合でも，自分のついた嘘をつき通そうとします。A君の必殺フレーズは「どこに証拠があるんですか？」です。教師がどんなに指導しても，のれんに腕押しで，事実を示したときには「先生なのに私を疑うんですね？」と返してきて，真面目に指導している方が嫌になってしまいます。また当然，A君の周りは，友達が寄ってきません。どんどん孤立していき，A君の嘘とトラブルはますます増えていくばかりです。

なぜ？どうして？

　これも前ページの嘘と同じく，防衛本能です。「嘘をつかないでも大丈夫」という安心感があれば，嘘をつきません。嘘をつくことが多い子どもというのは，不安が多く，往々にして必要以上にしつけに対し厳しい環境で育っていることがあります。または，失敗が許されない環境です。習い事などで常に上位をキープしていることを求められるような，プレッシャーの多い環境にいることもあります。家庭では「優秀なよい子」で通っている場合，保護者との話し合いや連携が難しいことも多いです。「うちの子に限って。先生が間違っているのでは？」と言われてしまうケースもあります。こういった子どもへの対応は，やり方によっては後々に大きなトラブルにも発展しやすいので，注意が必要です。

！ここで切り返し！

相手の子どもは，大人に対し嘘をつき通し慣れています。論理や筋を通したり，感情に訴えたりするような正攻法でいっても徒労に終わります。「嘘をついているな」と確信がもてたら，次のように切り返します。

> **切り返しワード**　嘘ついちゃった？　先生と同じだね。

共感的に言うのがコツです。「嘘はダメで認められない」「先生は嘘をつかない」という固定観念を根底から揺るがします。

自分の心に問いかけてみます。次の言葉は真実でしょうか。

「教師である自分は，もちろん一切の嘘をつかない人間です」

…………

普通は，生きている以上，嘘をつきます。人に迷惑をかけたり，傷つけたりする嘘がいけないだけで，嘘そのものが悪いわけではありません。人に生きる力をもたらす「よい嘘」は存在します。「嘘はいけません」は，常套句です。しかし，自分がつらい立場に立たされるときには，嘘をつきたくなるものです。

嘘をつく子どもの心を，完全に認めたり，理解したりすることはできないでしょう。でも，一部の共感はできると思います。

その上で「でもね……」で本音を語ります。「あなたを本気で助けたい」という言葉を続けます。何も，相手の嘘を暴くのが目的ではないはずです。子どもをよりよく導くことが目的のはずです。思いを伝え，嘘をついてもいいから，今後どうしたらよいか一緒に考えたいと伝えてあげましょう。

個別対応

◆成功の秘訣

・まずは，自分も同じであると共感的理解を示す。
・「嘘は悪いこと」という「常識」を取り払う。

相手の悪さだけを主張する子どもには
▶自分を客観視させよう

　誰とでもよくトラブルを起こすＡ君。彼の主張はいつも同じで「全部相手が悪い」。周囲から見たら実にくだらない理由でけんかをふっかけます。特に理由が見当たらないときは「幼稚園の頃にやられた」などと，何年も前のことまで持ち出す始末。厄介なことに，自分に悪い点は全くないと本気で思い込んでいます。当然，話はいつも平行線をたどり，担任教師の口調も厳しくなります。最後は「もういい！　みんな敵だ！」と怒って出て行ってしまうＡ君はどんどん孤立していき，行動もエスカレートする一方でした。

なぜ？どうして？

　一見すると，すごく面倒な子どもです。しかし，誰よりも自尊心の低い子どもでもあります。「相手が全部悪い」という主張は，裏返せば「誰も自分を受け入れてはくれないだろう」と考えている証拠です。受け入れてもらえる安心感のある子どもは，自分の悪さを認められます（大人でも，やたらに周りに批判的だったり攻撃的だったりする人がいると思いますが，同じ心理です）。ごく簡単にこのＡ君の行動の問題点を言うと，「自分を客観視できない」ということです。視点が完全に自分にあり，自分の悪い点が本当に見えていない，または見ようとしていません。ちょうど，鏡がないと自分の顔が見えないのと同じことです。ゆっくり話を聞くだけでなく，自分を外から眺められる状況にする必要があります。

ここで切り返し！

切り返しワード　自分の悪かった度はどれぐらい？

　この対応は，特別支援教育の専門家であるノートルダム清心女子大学の青山新吾先生から教わった方法です。
　下の図のようなメジャーを提示します。

0　　　　　　　　　　　　　　　　　　　　　　　　　　　　　　100
　↑自分　　　　　　　　　　　　　　　　　　　　　　　　　　　相手

　「100が悪かった点の全部だとして，自分はどれぐらいの位置？」
　つまり，完全に相手が悪いというときは，「自分」は左の0の位置に来るわけです。しかし，話を聞いていく中で，1つ（実は相当たくさん）は落ち度と思われる点が出てきます。「その分だけ考えると，少し右に来ない？」と聞くと，たいていは「まあ，それはそうだ」ということで，ほんの僅かに右に寄ります。「この点は？」「ここは相手にも責任があるね」などと話を進めていく中で「自分も悪い点が多少あったかも」と客観視するようになります。要は，図に表すことで客観的に落ち着いて眺められるということです。「この分だけ謝る？」などとゆっくり話を進め，心を解きほぐしていきましょう。

成功の秘訣

・図示して，客観視させる。
・「ほんの少しは」という譲歩できるところから切り込む。
・悪いかどうかを裁くのではなく，自己決定をさせる。

個別対応

元気のありすぎる子どもには
▶エネルギーの発散をさせよう

　休み時間，2年生のやんちゃな男子たちは，いつも教室で追いかけっこやプロレスごっこ。担任が何度注意しても，その場は収まるのに次の休み時間には忘れて走り回っています。何度言っても怒っても直りません。
　ある日，例のごとく教室を走り回っていた男の子が，読書をしていたおとなしい女子にぶつかり，その子のメガネが割れました。その事件に，保護者は「ぶつかった子どもたちはいつも走り回っていると娘に聞きましたが，先生はどういう指導をされていたのですか」とカンカンです。「何度も注意しました」と説明をしても，納得してもらえません。結果，ぶつかった子どもに対しても腹が立ち，厳しく言ったものの，すぐに忘れて仲間と一緒に走り回る始末。改善は見られず，同じような事故がその後も何度も起きました。

なぜ？どうして？

　走り回ること自体は，どの学年でもよく見られる光景です。ただ，これが実際の事故につながるまで，子どもたちは危ないと考えないものです。体力があり余っているだけなのです。担任の言うことを聞く気がないとか，人をケガさせようなどとは思っていません。そういう想像力は，成長の過程でだんだんと育ってくるもので，なかなか子どもには通じません（しかし，真剣に伝えることは絶対に必要です）。今はただひたすら体を動かしたいだけなのです。子どもは大人と比べ，体を動かす欲求が強いものです。ここを理解して満たしてあげた上で，教えることが大切です。

ここで切り返し!

教室で走り回っている子どもがいたら，この一言に尽きます。

> **切り返しワード**　元気が余っているね!　そのエネルギーを外で爆発させてこよう。

業間以外の短い休み時間だろうが，外に出します。教室と外の往復で終わるかもしれませんが，構いません。「暴れるなら外」を基本にします（ただし「外と教室の間の移動では走らない」ということだけは指導します）。なお，室内でのプロレスごっこがやりたい子どもには，砂場での相撲を推奨します（一度担任が一緒にやってあげるとよいでしょう）。二回目からは「はい，外へ GO !」と言うだけでいいです。外へ行く気力がないなら出ないでおとなしく過ごすでしょうし，元気なら本当に外に出ます。「休み時間の教室は，安全・安心で過ごせる場所にしよう」という原則を外さないようにします。

個別対応

成功の秘訣

・「言うことを聞かない」ではなく，体を動かしたいだけと心得る。
・とにかく外で運動をさせる。エネルギーを発散させる。
・例外として，雨の日のように外に出られない日は，「何でもバスケット」「ハンカチ落とし」などを休み時間にみんなで行って，公的に動き回れる場をつくるのも手。

口が悪い子どもには
▶こちらの感じている気持ちを伝えよう

　Aさんは，よくしゃべり一見明るいのですが，何となく周りから避けられ，一人ぼっちになりがちな子ども。しかし，担任の先生にはよく話しかけてきます。ただそれも，嫌な言葉ばかりです。「先生，どうしてそんなに字が下手なんですか」「今日の先生の髪型，ダサいよね」「その顔，きもっ」などなどです。まだ若い担任の先生は，自分が嫌われていると思い，Aさんを避けるようになりました。しかし，避ければ避けるほど，Aさんの罵声はひどくなります。担任とAさんの関係はどんどん冷えていきました。

なぜ？どうして？

　こういったアプローチの仕方をしてくるのは，相手への興味が強く，言語のコミュニケーションを求める高学年の女子ほど多い傾向があります。嫌な言葉を投げかけてくる子どもは，それで相手とつながろうという意図があります。この事例の場合，Aさんは担任の先生に強い興味があります。むしろ，友達とうまく関われずに一人ぼっちになりやすい自分を何とか助けてもらおうと思っているのです。つまり，本当に嫌いなのではなく，自分を相手にしてもらいたいという願望があります。なぜなら，その手段を使うと，相手が反応してくれるからです。つまり，負のアプローチながら「成功体験」があるのです。これが，ますます周りを遠ざけさせています。担任はこの気持ちを理解した上で，ここを崩していく必要があります。

⚡ ここで切り返し！

　この手の子どもは，変にプライドが高い傾向があります。だからこそ，今も一人ぼっちになっているのです。次のようにきちんと伝えます。

> **切り返しワード**　あなたは好きだけれど，その言葉は傷つくから嫌。

　「好き」とダイレクトに言うかどうかは，関係性を見て判断するところですが，相手の人格を尊重した上で，言葉のみを批判するというのがポイントです。これを「部分否定」と言います（逆に，単に「あなたが嫌い」というのは「人格」の「全否定」で，人間関係を解消・断絶するためのもので，教育では用いません）。ダメなことはダメとはっきり伝え，善導するのが指導者の役割です。あくまでその言葉が嫌なのであって，あなたと関わりをもちたくないわけではないことを伝えます。相手の要求は「関わること」そのものなので，肯定的な関わりができるよう指導していきます。

✦ 成功の秘訣

- 一見嫌な感じの子どもは，相手を求める気持ちが強いという傾向があると知る。
- 一人ぼっちで寂しい心の奥を想像する。
- 大切に思うからこそ，嫌なことは嫌と伝えてあげるのが優しさと心得る。
- 相手の人格を尊重する。

発言が苦手で困っている子どもには
▶音声以外の発言を求めよう

　6年生のAさんは人前でしゃべるのが極端に苦手な子どもです。担任は，Aさんの将来を考え，何とかAさんにしゃべらせたいと思っていました。Aさんは他の学力面では大変優秀であるため，チャンスがあればAさんを指名し，簡単な発言を促します。しかし，明らかにわかっていて答えられるものでも，黙ってうつむいて立っているだけで全く発言をしません。周りの子どもたちは「Aさんは人前で話せないからダメ」という意識をもつようになっていきました。

なぜ？どうして？

　しゃべりすぎて困る子どもがいる一方，全く話さないのも困るものです。しかしこれは，教師の側の都合の話であり，話せないで困っているのは，実は本人です。話さないのではなく，話せないのです。教室の雰囲気の問題もあるかもしれませんが，多くの原因は本人の中にあります。幼児期などにしゃべった際，「話し方がおかしい」などと保護者や周囲の人に言われて傷つき，人前でしゃべること自体が怖くなっていることもあります。しゃべることが怖い子どもは，その勇気が湧かないのです。ただ，発達段階が原因の場合もあり，成長の段階で話せるようになることが多いのも事実です。これも，長期的視点をもってゆったりと「いつかできるようになる」と構える一方で，今できる他の方法を指導する必要もあります。また，クラスの仲間が「できない」と思うことも，全体にとってマイナスになりますので，ここも正していきます。

❗ ここで切り返し！

こういった原因を抱えている子どもに，しゃべることの無理強いは厳禁です。「話さなくてもよい」と認めることが大切です。

> **切り返しワード** あなたの声を，文字で聞かせて。

つまり「ノート発言」を促します。話せなければ，書けばよいのです。「それも立派な発言」と肯定します。そういう空気は，教師がつくります。

学力として見たとき，話すことより，聞くことの方が大切です。子どもが教室にいる際，どちらの時間が多いかを考えればわかります（教師だけは例外で，意識しないと聞かずにしゃべりっぱなしになります）。また，社会に出てから，「よくしゃべる人」と「よく聞く人」のどちらが多い方がよいかを考えても，答えは明白です。さらに，話し言葉は消えてなくなりますが，書き言葉は残ります。話す力と同様，書く力も後々表現力として生きる力の一つになります。

立ち返って，教室で発言が必要な理由は何でしょう。それは「達意」の一言に尽きます。「大きな声で」「はっきりと」などの発言の約束も，全てねらいはそこです。考えが相手に伝わればよいのです。そのための解決方法はごく単純で，仲間が読んであげれば済む話です。読んでもらった子ども，読んであげた子ども，双方がよい思いをすることになります。それが当たり前の空気をつくることです。

個別対応

✦ 成功の秘訣

- 「発言＝音声」という思い込みを捨てる。ノートの文字も立派な発言。
- 「話す力＜聞く力」という意識をもつ。同様に，書く力も大切。
- 話すかどうかは本人の発達によるものが大きい。ゆったりと発達を待つ。
- 本人の「やる気」の問題ではない。せめて担任は「不安」に寄り添う。

嫌なアプローチをしてくる子どもには
▶毅然と大人の対応をしよう

　いつも何となく嫌な感じで近づいてくる高学年女子のAさん。他クラスの若手男性教師のB先生とすれ違うたび，「先生，何かうざーい」と根拠のない嫌な言葉を投げかけています。また，「〇〇してくださ〜い」という無理難題や妙な難癖をつけてくることもありました。
　最初はかわいいものだと思って，適当に愛想笑いで誤魔化してやり過ごしていたB先生。そのうち，態度がエスカレートしてきて「おい，〇〇セン」ともはや教師に対する言葉遣いではなくなってきました。教師と子どもの立場は完全に逆転し，B先生はAさんの周りの子どもにまで馬鹿にされるようになってしまいました。

なぜ？どうして？

　表面的に見ると，ただの嫌な子どもです。しかしなぜこんなことをしてくるかというと，要は他の関わり方を知らないのです。そのアプローチで自分を相手にしてもらった「成功体験」があり，「感謝を伝える」「助けを求める」「ほめる」といった類の正攻法のアプローチが苦手な場合がほとんどです。
　男の子が女の先生にやたら甘えたり困らせたりするのと根本は一緒です。根底に関わりの欲求，愛情の欲求などの，何らかの欲求不満があります。
　「愛の反対は無関心」の言葉にあるように，本当に嫌だったり興味のなかったりする相手にはそもそも近づかないものですから，そのあたりを踏まえて対応する必要があります。

ここで切り返し！

　他クラスの子どもですと，信頼関係が築かれておらず，単に厳しく対応しても，聞かない可能性があります。そこで，信頼関係とは別の「それは社会で通用しない」ということを教えます。言われなき暴言は，一般社会なら「侮辱罪」「名誉毀損罪」などの立派な犯罪です。学校が社会に出るための準備の場であるなら，ここが指導のチャンスです。

切り返しワード　私はあなたとお友達の関係ではありません。

　これに加えて「でも，私はあなたを教えるために学校にいる先生です」ということも伝えます。この例の子どもが使っているのは「全否定」の否定的アプローチです。相手の人格を否定するのは「全否定」であり，人間関係に破壊的なマイナスをもたらします。そういう関わり方なら話しかけないで放っておいてほしいことも伝えます。しかし，きちんと立場をわきまえた上で，一人の人間同士として関わりたいことも伝えます。教えるべきは教え，突き放さない。相手の根本に「関わりの欲求」がある，つまり根本に正の感情があると思うからこその対応です。

先生はあなたの友達ではないですよ。

成功の秘訣

・根本にあるのは，関わりと愛情の欲求であることを見抜く。
・子どもの将来にとって，本当によいことなのか考えて，大きな視点で話す。

授業中の立ち歩きが気になる子どもには

▶合法的立ち歩きをさせよう

　A君は，いわゆる「落ち着かない子ども」。授業中，じっと座っていることができません。周りの子どもにもちょっかいを出すので，その都度注意しますが，座るのは一瞬で，また立ち歩きを繰り返します。授業に支障をきたすので，注意の声は厳しくなっていきますが，本人には全く響いていない様子。
　無視してもちょっかいを出したり，叱っても反発するA君を制することができない担任に対し，他の子どもや保護者からも文句が出るようになってしまいました。

なぜ？どうして？

　「席につけない子ども」の典型的パターンです。なぜ立ち歩くのでしょう。非常に単純な理由で，身体を動かしたいからです。運動への欲求が高いわけです。幼児性が高いともいえますが，子どもらしさの証でもあります。年を取るほど，運動への欲求は低くなってきます。この自然な欲求を，普段は自律の力でコントロールしています。多くの子どもたちは，我慢しているわけです。大人だって，長時間椅子に座って講義を聴いていたら，立ち上がって伸びをしたくなります。やらない理由は，やってはいけないとわかっているからであり，本能の欲求に素直に従えば，動くことになります。このあたりの心理を理解して指導に当たる必要があります。

ここで切り返し！

では，そんな本能的な欲求への対応をどうするか。次の切り返しです。

> **切り返しワード**　授業中は，立ち歩いていいです。

そんな馬鹿な方法があるかと思われるかもしれませんが，これがポイントです。特定の子どもに対してだけでなく，全員に認めます。つまり「合法的立ち歩き」です。「ただし」をつけて，次のように付け加えます。

「勉強がわからなくて教えてほしいときや，逆に教えてあげたいとき，相談したいときなど，必要なときです。そのためなら，いくら立ち歩いても構いません。みんなで協力して，どんどん賢くなりましょう」

私はこれを，学級開きの時点で宣言してしまいます。授業は座っていられることが目的ではなく，学習内容を身につけることが目的です。目的にかなっているならば，立ち歩いても問題ないはずです。

また，これはプラスアルファの指導になりますが，どうしても集中できないときは，授業中におつかいを頼むのも手です。「チョークがなくなったから，職員室に取りに行ってきてくれるかな？」などと頼めば，喜んで引き受けてくれます。「合法的散歩」です。これで，気晴らしになります。散歩中の分は，後で個別に指導するなどしてカバーしてあげれば大丈夫です。すっきりした後なので，指導も入りやすくなっているはずです。

成功の秘訣

- 子どもの本能的な運動への欲求を理解する。
- 「立ち歩いてもいい授業」を基本に考える。
- 必要に応じて「合法的に散歩」させる。

コラム

子どもが嘘を正直に告白したときには

「人が傷つく嘘をつくことはいけない」というのは，決して教えられることではなく，本人が感じ学びとるものだというのが私の実感です。

　私が子どもの頃のエピソードです。
　母が，「500円玉貯金」というものをしていました。500円玉をある程度ためて，それを銀行に積み立てていたようです。銀行に入れる前に，一時保留されているカゴがありました。当時小学2年生だった自分にとって，500円は大きな価値と魅力がありました。ある日，出来心でその500円玉をとってしまいました。1枚とった後，2枚，3枚ととった記憶があります。しばらくして母が「あれ。何か少ない気がする」と言いました。良心が痛んだ私は「お母さんごめんなさい。僕がとった」と正直に言ってお金を差し出しました。悪さをしたときには厳しい親だったので，無茶苦茶怒られるのは覚悟の上です。
　母の反応は，意外にも「正直に言ってくれてありがとう」でした。「きちんと言ってくれる子どもに育ってくれて嬉しい」とも言ってくれました。それ以来，手の届く位置にお金が置いてあっても，決して手をつけなくなりました。「盗みやずるはいけない」ということが，言われずして体に染みこんだ気がします。もしあの場で，無茶苦茶怒られても，決して怒られたことを恨んだりはしなかったとは思います。ただ，もしかしたら，私は，正直に言ったことを後悔したかもしれないとも思います。
　結構いい加減なところも多い母親ですが，いい教育をしてくれたと今でも感謝の気持ちをもっています。

第3章

子どもがイキイキ動き出す！

授業づくりに効く「切り返し」の技術

　授業は，まさに連続した局面での真剣勝負です。教師と子どものやりとりに全員が注目しており，切り返しが最も生きる場面です。逆に，切り返しの仕方を間違えると，せっかくのチャンスがピンチになってしまう場面でもあります。

　ここでは，子どもの個々の様々な質問や反応に対し，クラス全体がレベルアップするような切り返しを紹介していきます。

「その漢字は習っていません」と言われたとき

▶学力向上のチャンスと捉えさせよう

4年生での国語の授業中,黒板に文字を書いていたところ,ある子どもから指摘が入りました。
「先生,その漢字はまだ4年生では習っていません」
「そうか。習っていなかったか。ごめんごめん」
先生はその漢字を消して,平仮名に書き直しました。
すると,「習っていない字は用いてはいけない」というような「常識」が広がり,他の子どもも「習った」「習ってない」と言うようになり,黒板だけでなく,作文などあらゆる場面で学年配当の漢字以外は用いられないようになってしまいました。

なぜ？どうして？

そもそも「習ってない字は読んでも書いてもいけない」という誤った前提があります。学習指導要領上の学年配当の漢字は「最低限」の内容であり,より多く教えてはいけないという制限はありません。しかし教科書ではその性質上,学年の配当にない漢字を用いた表記はされません。国語などの教材文も,原文では漢字であるものも平仮名に修正されています。このため教師の側も「学年配当の漢字でないものは書いてはいけない」というような誤解をしていることがあります。それが,子どもにも伝染しています。よくよく考えると,子どもの読む本では配当漢字などお構いなしです。代わりに,振り仮名が振ってあります。そのおかげで漢字が読める子どもも多いのです。そうしたテクニックを意識的に使います。

ここで切り返し！

「習っていません」には，いつでも即座にこの切り返しです。

切り返しワード　　**また読める字が増えますね。**

子どもの中の「学校で習ってない字は読めない」という認識を変えていきます。その認識でいくと，学校教育の中で出てこない字は誰も読めないということになってしまいます。そんなことはありません。では，なぜ読めるようになるのかというと，日常生活の中で読む場面があるからです。たとえば外を親子で歩いているとき，看板を見て「何て読むの」と聞いたりする中で，読み方を覚えたりします。先に振り仮名のことを述べましたが，大人の読む本でも，難しい字には振り仮名がついていることが多くあります。

また「漢字の方がよい」という実例を挙げることで，説得力が増します。たとえば，次のように板書します。

「すもももももももものうち」

子どもたちは口々に読み始めます。読み方は当然滅茶苦茶で，ピンときた数人を除いては，正しく読めません。

ここで，隣に「李も桃も桃のうち」と書き足します。李の読みも，ここで教えます。「これなら，きちんと読める」と実感します。「うらにわにはにわにわとりがいた」でも何でもいいので，とにかく，平仮名だと読みにくい例を挙げるのがコツです。

成功の秘訣

・漢字にできるものはなるべく漢字にして黒板にどんどん書く。
・必要に応じて振り仮名を使って全ての子どもが読めるようにする。

すぐに問題が解けた子どもがざわついてしまったとき
▶仲間のために力を発揮させよう

　算数の時間。学習問題を提示し，問題を自力解決する場面で，子どもたちは3種類の反応に分かれます。
　一つ目は，どうしていいか全くわからない子どもたち。担任が横に張り付いて，丁寧に教えているうちに，二つ目の反応「できました」が現れます。塾に通っている子どもなどは，特に終わるのが早いからです。三つ目は，何とか自力でがんばっている子どもたちです。早く終わった子どもたちが，ざわつき始めます。
　こんな授業を繰り返しているうち，「算数なんてできないから嫌い」とやらない子ども，「算数なんて簡単すぎてつまらない」という子どもが二極化し，その中間の子どもたちにも「先生は私たちを全然見てくれない」と不満を言われるようになってしまいました。

なぜ？どうして？

　特に算数の授業でよくある風景です。やり方自体が間違っているのではないのですが，子どもの反応に対する見通しが甘すぎます。まず，多人数に対応できる授業の組み立てになっていません。さらに個別指導の仕方に失敗しています。教師が算数が苦手な子どもの横に，よかれと思ってずっと張り付いて指導するのは「この人は算数ができません」と周りに宣言することになり，算数嫌いを生むきっかけにもなります。また，早く終わる子ども，時間をかければできる子どもにも対応できる方法が望まれます。

ここで切り返し！

　問題が早く解ける——この能力を，仲間のために大いに活用してもらいます。

　「先生，もうできちゃった」には，待ってましたと次の切り返しです。

> **切り返しワード**　できる，わかるで満足しない。その力を仲間のために使おう。

　せっかくの能力を，人を喜ばせるために使おうということです。教えた相手ができて喜ぶ姿を見たときは，自分ができたとき以上の喜びがあります。その経験から教師を目指す人もいるぐらいです。必要に応じて席を離れてよいというルールを設けます。そうすると，そこかしこで手が挙がり，「教えて！」の声が教室に溢れます。教師相手だとつい気が引ける子も，友達ならば遠慮なく頼めるということがあります。教えてくれる子どもは複数なので，そういった点でも目立たずに落ち着いて教えてもらえます。

　また，併せて次のように語ります。「人には，得手不得手があります。それが個性です。算数が得意なAさんは，B君に教えていました。でも，Aさんは体育のサッカーが苦手かもしれない。B君はサッカーの時間でお返しできるかもしれないし，代わりにC君が助けるかもしれない。そしたら，B君は，C君の苦手な音楽のリコーダーを教えてあげてもいい。結果的に，みんながみんなを自分の得意なことで助けていけます。『助けて！』『任せて！』が自由に言えるクラスって，素敵だと思いませんか」

> 自分がわかって50点　相手に教えられて75点
> 相手が「わかった！」で100点
>
> 「『学校という劇場』—「ナンバーワン」より「オンリーワン」の教育を」
> 園田雅春著（雲母書房，1996年）

✧ 成功の秘訣

・得意なことこそ我慢せずに，仲間のために最大限に力を発揮してもらう。
・教師一人で無理をせず，子どものもつ教育力を大いに活用する。
・問題を解き終える時間の個人差を，当たり前の前提としてもつ。

授業づくり

求める価値と違った意見が出たとき
▶チャンスと捉えよう

　道徳の授業でのことです。おばあさんに勇気を出して席を譲るという話に対し，親切な心について考えさせる場面でした。教室全体が「人に親切にすると気持ちがいいね」という意見にまとまりそうなところで，A君が一言，次のように発しました。「僕は，譲らないでいいと思う」。この発言に対し「えっ」という驚きとともに，みんなはA君に大反対。A君は，言いたいことがあったようですが，反論が立て続けに述べられ，周囲のあまりの猛反対に口をつぐみました。何だか嫌な空気が残ったまま，授業が終了しました。

なぜ？どうして？

　これは，完全な失敗例です。A君の意見は，道徳の授業において最高の材料になったはずです。それというのも，道徳の授業で扱うような価値自体については，ほぼ全ての子どもが正しいことだとわかっているからです。それをあえて授業で扱う理由は，現実社会において人間は必ずしも道徳的に正しい価値を選択するとは限らないということがあるからです。その現実に目を向けることで，真剣に考える場が生まれます。

　つまり，出来レースのおざなりの授業をしても，子どもの心に響かないどころか，害悪にすらなります。A君の意見のように，真に生活体験に根ざす一見「反道徳的」な意見こそ，真剣に話し合う価値があります。ここの意見をうまく拾って，深めていくことが全員にとっての真の学びになります。

⚠️ ここで切り返し！

びっくりせずに，余裕をもってまず受け止めて，次の切り返しです。

> **切り返しワード** なるほど。もっと詳しく話して。

まず「なるほど」と意見を述べたこと自体を肯定的に受け止めて，認めます。続けて「もっと詳しく話して」で掘り下げて理由を尋ねます。これが定石の流れです。どんな突飛な意見の場合も，これで切り返します。

そもそも，教師の都合のいいように進む授業が面白いはずがありません。予想を裏切る意見が出るからこそ，面白いのです。そのためには，普段の「仕込み」

が欠かせません。それは「意見は違っていい」という前提です。これが，普段のあらゆる授業場面で適用されていないと，先の切り返しも機能しません。間違いも歓迎する風土づくりです。一見「変な意見」が出たときに，いかに教師が面白がったり，価値づけをしたりできるか。ここにかかっています。

典型的なダメな聞き方が，次々と「他には？」と指名していって，教師の意図する答えが出たときだけ，板書したり取り上げたりする方法です。教師の顔色，求める意見を考える無駄な習慣が子どもたちに身につきます。

普段から，こちらの意図する意見を求めるのではなく，多様な意見を歓迎していきましょう。

✨ 成功の秘訣

・多様な意見を歓迎する風土づくりを普段から進める。
・教師の側が楽しむ余裕をもつ。

「これ，結果知っているよ」と言われたとき

▶実験&観察は授業の命と心得よう

　6年生の理科の授業。塾に通っている子どもが多く，実験や観察をする前から「これ，結果知っているよ」という反応が出るクラスです。それでも「確かめてみよう」と実験や観察はきちんとするようにしていました。

　あるとき，地層の学習がありました。勤務校の周りには歩いて地層が見られる場所はなく，やむなく資料集の写真と「地層モデル」の模型で代用しました。その学期に実施したテストでは，平均点を見てもまあまあよい出来です。しかし学年末，学力テストを実施したところ，地層の成績だけが極端に思わしくないという結果になりました。見学を省略したことが悔やまれました。

なぜ？どうして？

　理科は，実験と観察が命です。それにもかかわらず，つい教科書で見たものをノートにまとめて終わり，ということになってしまいがちです。「これぐらい頭で理解できるだろう」という浅はかな考えでは，確実に失敗します。知識の記憶として短期的には記憶できても，体験的な記憶になっていないため，長期的に記憶されないのです。子どもは単純に経験が少ないため，大人がわかっていると思っていることでも，意外とわかっていないものです。体験を通して，腹の底からわからせる必要があります。見学は「しょうがない」となりがちなところにあえて手間をかけて行くからこそ意義があります。手間をかけてもメリットが大きいからこそ，見学に行くのです。

⚠️ ここで切り返し！

　国語や算数の場合は，想像を膨らませて本を読んだり，とてつもなく大きな数を想像して計算したりという，目の前に実物がないからこそ想像力を働かせられるという場面が多くあります。

　しかし，理科は観察と実験が命です。とにかく理科は，本物志向でいきましょう。どんなに美しくて詳細なビジュアルの写真があっても，素晴らしくよくできた動画があっても，目の前にある本物に触れられる価値には遠く及びません。そこで，理科の基本はこの切り返しです。

> **切り返しワード**　実際，どうなっていると思う？　見に行こう！

　実験してみる，観察してみるというのが理科の肝です。予想をさせ，実際に確かめ，結果からなぜそうなのかを考察するのです。そのためには，本物を見ることが必要です。

　たとえば理科の有名な発問で「アリの足はどこについているか」「磁石にお金はくっつくか」というのがあります。どちらも，わかっているようで，確かめてみないとわからないという面白さがあり，子どもの知的好奇心を刺激します。

　失敗例の地層のようなものの場合，目の前にもってくることができないので，何としてでも連れて行く必要があります。場合によっては，年度初めまでに大型バスの予約が必要かもしれません。それぐらいの手間をかけてでも，「本物志向」でいきます。本物の体験には，その価値があります。価値を理解していることが大切です。

✨ 成功の秘訣

・まず，予想をさせて，子どもの知的好奇心を刺激する。
・必ず本物を用意し，実際に触れさせる。

教師が答えられない質問をしてきたとき
▶子ども自身に考えさせよう

　A君は知識が豊富な子ども。歴史への興味が深く，歴史漫画や歴史雑誌を愛読しています。社会科の歴史の授業中は，意欲満点で，気づいたことをどんどん質問してきます。中には教師が答えられない質問も多く，答えに窮する場面が何度かありました。「それはわからないね」と答えると，「先生なのに，わからないのですか」と少し馬鹿にした態度をとりました。その後も，わざとこちらがわからないだろうという質問をして，教師の反応を楽しむようになっていきました。

なぜ？どうして？

　まず，教師が何でも知っていて何でもできるという全知全能の存在であるかのような前提が問題です。実は誰もそんなことを期待してはいませんが，心のどこかで「教師は立派でなくてはいけない」「子どもに馬鹿にされてはいけない」という意識が働くと，つい見栄を張ってしまいがちです。

　子どもの側も「先生は何でも知っていないといけない」という勘違いをしていることがあり，これが先の例のような質問攻めにつながっています。

　また，何でも聞けば教えてもらえる，やってもらえるという状況は，受け身の姿勢をつくります（私はこれを「親鳥の運ぶ餌を待っている雛鳥状態」，略して「ピヨピヨちゃん」と呼んでいます）。この姿勢をもっていること自体も問題です。自分の抱いた疑問に対しては，人に頼るより，自ら追究をしていく姿勢に変換していきます。

ここで切り返し！

まず，その質問を思いついた発想をほめましょう。次の切り返しです。

切り返しワード すごい！ 君は天才だね。調べてきて！

　この切り返しでは，短い言葉の中にたくさんのメッセージが含まれています。まず「すごい！」は，そこに気づいた発想力への称賛です。「天才」という言葉は，子どもの自尊心をくすぐります。また知識というのは自分で獲得していくべきで，あなたには自力で調べる力があるというメッセージでもあります。

　そして，ここが一番大切なのですが，わからないことや困難にぶつかったときは，まず自分でやってみるという基本を教えることです。自力で調べてもわからないときに，初めて人に教えてもらえばいいのです。教育基本法の目標にも「自主及び自律の精神を養う」とあります。主体的に学ぶ子どもを育てることが大切なのです。

　ちなみにこの後の子どもの動きですが，大きく二つに分かれます。

　一つ目は，調べてこないパターン。これは実は大して知りたくもなかったということで，放っておきます。どうでもいい質問だったとみなせるわけです。この子どもがまた別の質問をしてきたときは「そういえば，この間の〇〇については自分で調べた？」と切り返していきます。

　二つ目は，実際に調べてノートに書いてくるパターンです。本当に知りたかったのです。大いにほめた上で，全体にも知識として広げます。調べた本人も満足し，知の共有化がはかれます。

成功の秘訣

・自分で学ぶ力をつけることを優先する。
・教師も知らないことの方が圧倒的に多いということを教師自身が自覚する。

苦手なことをやろうとしないとき
▶心をくすぐる仕掛けを用意しよう

　5年生のA君は体育が苦手。最初の時間は何とか参加したものの，その後はやろうとしません。「どうせ僕にはできないから」が口癖です。そのたびに担任は「がんばろう。やらないとできないよ」と励まし続けました。そんなやりとりを繰り返しているうちに，体調的には元気なのにもかかわらず，見学が多くなりました。やがてそれが続いていたことに気が引けたのか，苦手な単元の体育の授業がある日は，休むようになってしまいました。

なぜ？どうして？

　体育は他の教科以上に，「苦手」が実技という形ではっきり目に見えてしまいます。とりわけ，器械運動のようにはっきり「できる・できない」が区別されるものや，徒競走のような「速い・遅い」がわかるようなものは，それが苦手な子どもにとっては苦痛なものです。また体が重い肥満体型の子どもにとっては，他の子どもよりも運動負荷が強く，何かとしんどいことが多くなります。さらに，高学年の子どもは，自分がどう見られているかを気にします。わざわざ苦手な姿をクラスの仲間に見せたくないという思いは，至極当然です。できないからやらない→やらないからますますできない，という悪循環に陥りがちです。例にあるA君に足りないのは「自信」ですが，それには「がんばったらできた！」という体験が必要です。問題点は，がんばる姿そのものを見られたくないという点です。この点をクリアしない限り，A君が運動に取り組むことは考えられません。

ここで切り返し！

この場合，物理的・空間的に別の場でやるしかありません。

> **切り返しワード**　先生と一緒に，秘密特訓しよう。

「秘密特訓」というのがポイントです。公にはできないのです。人目にさらされている状態では，がんばれないのです。だったら，周りの子どもが見ていない状況で安心して練習できる環境をこちらからつくります。

マンツーマンだとポイントを押さえて指導できるので，効果もあがります。先生以外誰も見ていないので，失敗しても恥ずかしいことがなく，運動に集中できます。励ましながら続けていれば，確実に向上が見られるはずです。向上が見られたときには，思いっきりオーバーに喜ぶことも大切です。教師は「役者」になる必要があります。これまで避け続けてきたものに子どもが挑戦しているのですから，役者になることは大事です。

また，できるようになったら，次の体育の時間でみんなの前で発表させます。思いきり仲間に喜んでもらうことで，本人はもちろん，周りの子どもにとっても温かく前向きな感情が育ちます。

なお，秘密特訓するからにはできるようにさせることが必須です。そのためには指導技能も大切ですが，それ以上に大切なのが「絶対できるようにさせる」という信念・覚悟です。それをもった上で，この切り返しを使ってください。

成功の秘訣

- 子どもの自尊心（高学年の場合は特に）に配慮し，安心な環境で行う。
- 役者になって，「大丈夫」「できてる！」「すごい！」などと前向きに励まし，子どもの伸びをオーバーなぐらい喜ぶ。
- 「必ず自分ができるようにさせる」という信念と覚悟をもつ。

授業づくり

何度トライしても成功しないとき
▶コーチをつけよう

　5年生の10月，鉄棒運動の学習時，逆上がりができないA君は，何とかできるようになろうとがんばりましたが，授業中にはどうしてもできませんでした。担任は「休み時間にがんばろう」と声かけをしたものの，実際は時間外に見てあげることがなかなかできませんでした。やがて冬になってしまい，寒くなったことも手伝ってA君のやる気は急激にダウン。結局，学年が終わるまでにできるようにはなりませんでした。

なぜ？どうして？

　まず，時期の問題があります。そもそも，苦手なのにがんばろうとする気持ちは，そう長く続かないと思った方がよいでしょう。やる気があるうちに，一気にやります。また10月に鉄棒運動に取り組む場合，うかうかしているとあっという間に冬になります。短期集中で計画的に，休み時間も含めてしっかりと力をつけさせる必要があります。

　また，「休み時間に見てあげる」というのは，意外と時間がとれないものです。特に，高学年担任になると，子ども自体も学校全体の仕事を受け持つため，それらの活動のために昼休みもつぶれがちです。休み時間も一緒に活動できる仲間がいれば話は別ですが，もともと鉄棒が苦手な子どもですので，このまま放っておいてもなかなか自分からやろうとは言いません。自分からやろうとしない気持ちを意図的に汲む必要があります。

ここで切り返し！

苦手なことには，個別指導が最も効果的です。次の切り返しです。

切り返しワード　誰がコーチになってくれたらできそう？

一人ではくじけてしまう子どもでも，信頼できる仲間がいればがんばれます。コーチ役の子どもは，必ずしも運動が得意な子どもでなくとも構いません。むしろ，一番いいのは，できない状態から克服してできるようになった子どもです。できないつらさや，できるようになるためのコツを身体で知っていますから，名コーチになる可能性が高いです。教えてもらう子どもはもちろん，コーチとして教える子どもにとっても大きなプラスです。両者にとって，できたときの喜びは，格別です。子ども同士の関係づくりにも役立ちます。

漢字や計算練習でもそうですが，授業と授業の合間の練習が大切です。子ども同士のもつ教育力を大いに活用しましょう。

ちなみにこの方法は，休み時間に子ども同士で取り組めるものなら何でも応用が利きます。たとえば，二重跳びのコーチ付き練習などは，子どもたちだけで準備もいらず気軽に取り組めるので，逆上がり以上におすすめです。教師がどれだけ授業中に教えてもできるようにならなかった子どもが，不思議と友達コーチの教えだとできるようになってしまいます。子どもには教育力があることを再認識させられます。

成功の秘訣

・コーチは自分で選ばせる。子どもにとって信頼できる相手を。
・子どもの教育力を信じて，任せてみる。
・コーチ役の子どもを絶賛することも忘れずに。

失敗して固まってしまうとき
▶安心感を与えよう

　図工で「物語の絵を想像して描こう」という学習をしました。下絵を描き終え、いよいよ水彩絵の具を用いた色塗りの時間です。「下絵の線をふまないように色を塗ろう」の指示を守り、どの子も真剣に取り組んでいる様子。しかし「先生、失敗しちゃった」の声。見ると、下絵の線を無視して大きくはみ出して塗ってしまった様子。やる気をなくしたらしく、固まってしまったので、「とりあえず続きを塗ろう」と声かけをして何とかその後も描かせ続けました。完成した後の作品カードには「色塗りが失敗してしまった」という記述が見られ、「失敗作」という気持ちをもって学習を終えてしまいました。

なぜ？どうして？

　図工の作品は、それを通して子どもが満足のいく表現ができることが何より大切です。この例では「丁寧さ」を求めて指導したのですが、それが苦手な子どももいます。「大胆さ」を備えている子どもなのかもしれません。図工は、多くが「一発勝負」です。鉛筆で描いたものを消しゴムで消すようなやり直しがきかないものが多いです。絵の具による色塗りもその一つで、失敗もします。「失敗が起きる」という前提で指導にあたる必要があります。少しのミスもないようにやらせると、どうしても作品が小さくまとまってしまいがちです。失敗も含めて丸ごと楽しむような図工の授業にしていく必要があります。それには、「失敗はいけない」という指導者側の誤った意識の改革が必要です。

ここで切り返し！

そもそも、失敗を前向きなものと捉えて指導します。次の切り返しです。

> **切り返しワード**　図工に失敗はなし。後でいい味になるよ。

　子どもが作るものに、「失敗作」はないと思って指導に当たります。全てはその子どもの表現です。色塗りの途中ではみ出してしまった線も、彫刻刀でうっかり彫りすぎてしまった部分も、全てその子どもなりの物語です。そこだけに着目すると失敗したように思えますが、全体が完成した後になってみると、気にならないばかりか、そこに意外な味わいが出るものです。人生と同じです。部分が失敗したように思えても、全体的に見て成功となればいいのです。

　逆に、図工嫌いにする方法が、完璧を求めていくことです。指導者がディテールまで口を出して、事細かに指導していきます。そうすると、見た目はよい作品になることもありますが、子どもの作品からは遠ざかります。

　あるコンクールで、特別な賞で入選した子どもがいました。その子どもは受賞時、指導してくれた先生に、次のように言ったそうです。「先生、あれは僕の作品じゃありません」。指導者の熱が入りすぎると、そのようなことになりがちです。子どもの作品を大切に、失敗も一つの味と見て、ゆったりと安心させてあげたいものです。

✨ 成功の秘訣

・図工作品に失敗はないと心得る。
・子どもが失敗したと思っても、それを認めてプラスに転じさせる。
・指導ポイントを絞り、細かく口出ししすぎない。

授業づくり

課題が物足りなかったとき

▶プラスワンを求めよう

　A君は勉強が得意で，どの教科でもとにかく課題を終わらせるのが早い子どもです。いつも先に終わってしまうので，「やることなくて，つまらない」と言うこともしばしばありました。そこで，国語では漢字のプリントを余計に刷り，算数では練習問題をさらに用意しましたが，それでもやはりクラスの過半数の子どもよりはるかに早い時間であっという間に終わってしまいます。A君の対応を必死でしているうちに，いつしか他の子どもの指導がおろそかになってしまいました。

なぜ？どうして？

　まず「つまらない」ということは，まだ余裕がかなりある状態です。また，価値を感じていない状態でもあります。原因は，大きく二つに大別できます。一つは，課題が簡単すぎる場合で，もう一つは，逆に課題が難しすぎる場合です。一般に授業では，課題を多くの子どもにとって適切となる中間の難易度に設定します。では，「つまらない」という子どもたちにどうするかですが，難しすぎるという場合の子どもは正確には「わからない」が本音です。きちんと丁寧に教えてあげる必要があります。事例のような子どもは真逆で，簡単すぎて時間的に余裕がありすぎるのです。

　子どもたちに一つ課題を与えたら，課題解決までの時間差は当然生まれます。極端に作業が早い子どもに，同一のものを何度与えても焼け石に水で，ほとんど時間調整の効果はありません。違うアプローチが必要です。

ここで切り返し！

この場合は余裕を見せて，次のジョークで切り返しです。

> **切り返しワード**　つまらないなら，もっと詰めて！

　できることをどんどん見つけてやっていくことを求めます。特別な練習問題を用意するなど，こちらからより高い課題を与えることもありますが，自分でやるべきことを見つけられる力をつけた方が，長い目で見て後々役に立ちます。だから問題を解いて終わりではなく，友達に教えに行ったり，あるいは考え方を言葉で書いたりするなどの「プラスワン」活動に取り組むことを習慣づけます。「空白の時間」がなくなるようにしていくのです。

　たとえば，教科のテストでも，時間差が出ます。そのときも「プラスワン」ということで，問題の解き方や考え方を言葉や図などで，空いている場所に書き込むというルールにしておきます。この場合，テストの採点評価としても「100点＋花丸やコメント」のように「プラスワン」してあげることが大切です。

　その都度何かを用意するような場当たり的な対応のものではなく，汎用性があって幅広く対応できる仕組みを日頃からつくり上げておきましょう。

成功の秘訣

- どの教科でも共通して時間調整のできる仕組みづくりや習慣づけをしておく。
- 余裕のあるときには常に「プラスワン」を求め続ける。

「授業がつまらない」と言われたとき

▶子どもの立場に返ろう

　ある国語の授業。物語文を読み，学習問題を書き，主人公の気持ちを考え，ノートに書いて，発表し，まとめをしました。計画通りにうまく進んだと思ったものの，授業後に子どもから「先生，僕，国語の授業嫌い。つまんない」の一言。その後も，授業自体は淀みなく進みましたが，その言葉が心にずっと引っかかっていました。やっている自分自身も，面白いとは思えず，その単元の学習が終わりました。

なぜ？どうして？

　教師の側がどれぐらいその授業を楽しいと思っているかが問題です。教科書会社の作った指導書そのままの授業に，果たしてどれだけ情熱を燃やすことができるでしょうか。子どもには，その熱が移ります。つまらないとしたら，教師の側もそう思っている可能性をまず疑うことです。

　もう一つは，逆に教師の思いばかりが先行している授業です。たくさん準備をして，やる気も十分なのですが，子どもがついてこないという場合です。内容が高度すぎるのかもしれませんし，はたまた専門的すぎるのかもしれません（授業研究会などでもよく見られる光景です）。とにかく，こちらはいろいろ準備したので全て出しきりたいという思いばかりが先行し，子どもの実態を見ていません。結果，予定通りにやれたのに，面白くない授業になってしまうことがあります。

⚠ ここで切り返し！

授業を楽しむことも，率先垂範です。これは，切り返しというよりも，授業に違和感をもったときの，自分自身への問いかけです。

> **切り返しワード**　自分が子どもなら，受けてみたい授業だろうか。

前提として，楽しい授業をしようと努力していることはもちろんです（指導書を見てそのままの授業をしているようでは，答えは「いいえ」でしょう）。

注意すべきは「楽しい授業がしたい」≠「楽しい授業」ということです。つまりは，努力の方向を間違えないことです。子どもと教師の思いのベクトルを合わせるとも言い換えられます。

たとえば子どもは，国語の教科書で出てきた物語文を読んで，もっとこの作者の他の作品が読みたいと思っているのかもしれません。あるいは，授業で教師の出したまとめに納得がいってないのかもしれません。もっと友達と意見交換をしたいのかもしれませんし，主人公の言動に疑問が残っているのかもしれません。

そういった子どもの学習へのニーズを捉えつつ，教師がつけさせたい力がつく授業を仕組みます。自分が授業を受ける立場でも楽しいと思えるものにしなければ，楽しい授業を行うことは難しいでしょう。

✦ 成功の秘訣

・まずは，自分が楽しい授業をつくろうと努力してみる。
・教師と子どもの思いのずれに気づき，修正する。

コラム

大切なのは「話す力」？ 「聴く力」？

　コミュニケーション能力の育成は，教育現場でもここ数年の重点課題です。学習指導要領上でも重要であると明記され，国語科の中では「A 話すこと・聞くこと」とあるように，各領域のトップにきていることからも明らかです。

　では，この「話す」「聞く」は，どちらがより大切なのでしょうか。表記を見ると，「話す」が前にきています。表記の順というのは根拠があるので，やはり「話す」方を重視していると考えられます（たとえば企業が合併するとき，二つのどちらの名前が前に来るかは，重要なポイントです）。

　学校，また世間一般の声はどうなのでしょう。学校では「発表ができない」「表現力を育てよう」と，やはり「話す」重視です。「日本人は自己主張が足りない」という諸外国の批判からも明らかです。確かに，外交などの場面では，自己主張が命で，弱腰では困ります。

　しかし，こと教室においては，その理論がそのまま当てはまるのでしょうか。私はいろいろな教育実践家の先生の話をきく機会がありますが，共通する主張は「聞く力が優先」です。ある先生は「口が二つで耳一つ」を「化け物教育」であると揶揄されていました。またある先生は「学級づくりで最初に指導すべきは，話の聴き方」と主張されていました。

　19ページでも示したように，「聴」という字は「耳」「目」「心」が合わさった字です。相手に全ての関心を向けている状態です。すなわち，相手に対して「受容」の姿勢がとれている状態です。昨今の様々な問題は，この「聴く」「受容」ができないことから起きているように思いませんか。

　聴く力をどうつけていくか，これから考えていくべき課題です。

第4章

学級力が試される!?

行事指導に「切り返し」の技術 効く

　学校には、たくさんの行事があります。長期的に取り組むものも多く、中には途中で意義を見失ってしまうこともあります。本来ならば学級の絆が深まるはずの場面で、中だるみや混乱が起きてしまっては、せっかくの行事をやる意義が薄れてしまいます。

　ここでは、行事で起きる様々な「困った」状況において、その状況を打破しながら行事自体を生かしていける切り返しを紹介していきます。

行事の練習をまじめにやらないとき

▶そもそもの目的と目標に立ち返ろう

6年生のある学級。校内球技大会に向けて，優勝を目指してクラスで毎日休み時間に練習しようということになりました。最初はよかったのですが，日が経つにつれ，だんだんと練習に参加する人数が減り，一部の熱心な子どもだけが練習に出ているという状態になっていました。担任が中に入って「練習しよう」とみんなに声をかけても，子どもたちの腰は重く，動こうとしません。「やる気があるの!?」と怒って発破をかけるとしぶしぶ出るのですが，今度はまじめにやりません。やがてまじめにやる子どもとそうでない子どもとの間に溝ができ，クラス全体の雰囲気が悪くなり，担任との関係も悪くなっていきました。

なぜ？どうして？

「行事の練習をまじめにやらない」というのは，長期的に取り組むと必ず起きる事態です。勢いがある最初はやるのですが，だんだんと不まじめになっていきます。

その原因の一つに，繰り返していくうちに，いつの間にか目的を見失ってしまうことが挙げられます。練習をがんばることそのものが目的化してしまい，面倒になってしまうのです。これは，運動会の表現種目の指導などでも言えることで，ただの繰り返しになってしまってはやる気が起きないという状態です。この例の場合だと「休み時間にやる」ということになってはいるのですが，全体の合意がきちんと得られていません。したがって，後になってもめ事の原因となっています。事前の指導が抜けているのです。

!/ ここで切り返し！

いつでも，迷ったら目的に返ることが大切です。次の切り返しです。

> **切り返しワード**　何のためにやるのかな？

これには，事前に目標をどうしているかが大切になります。つまり，球技大会の練習に先立って，学級でどのような目標を立て，どうやって練習するのかを共通理解しておく必要があります。

たとえば目標を立てたのに全然練習をしない状態になるときがあります。
このとき，教師が目標を決めた場合だと，「先生が勝手に決めた。自分は言ってない」と，子どもは考えます。
一方，子どもたち自身が目標を決めた場合だと，「自分たちで約束して決めたのだから，やらないと」となります。
両者は天と地ほどの違いがあります。自分たちで言い出したことならば，しっかりと指導を入れられます。ですから，必ず学級会を開き，きちんと公の場で子どもたち自身に決めさせることが大切です。
そして，自分たちで決めた目標があれば，「何のために＝目的」がはっきりしているはずです。たとえば「クラスの絆を深める」という目的のために「全校優勝」が目標になっているとします。そうだとしたら，仲間で協力してやっていかなければ意味がないことに気づきます。練習をまじめにやるべき理由がはっきりしていることが何より大切です。

✦ 成功の秘訣

・行事ごとに，子どもの話し合いによる目標設定をきちんとしておく。
・何のためにやるのか，思い出させるのが指導者の役割と心得る。

授業参観で先生も子どもも緊張しているとき

▶ユーモアで気持ちをほぐそう

　4月，新しい学級での初めての授業参観の日。2年目のA先生は保護者と初めて顔を合わせるということで，かなり緊張した面持ちです。子どもたちには「みんな，がんばろうね」と声をかけ，妙に気合いの入っている様子が見られます。子どもたちも「親も見に来るし，これはきちんとしないと……」と思い，いつもとは違った雰囲気になっていました。

　授業中も緊張感が抜けず，いつもは元気のいい子どもたちが，わかっていてもなかなか手を挙げません。何とか授業は終わりましたが，その後の懇談会では保護者から「先生，大丈夫ですか？」と心配されることに……。

なぜ？どうして？

　この例では，そもそも誰よりも担任が保護者を意識しすぎています。「鏡の法則」で，こちらが緊張していれば，子どもも当然緊張します。そういうときに限って「がんばろうね」とか，逆に「みんな，緊張しなくていいんだよ」などと声かけをしてしまいがちですが，どちらも逆効果です。「あ，やっぱり先生も緊張しているんだ。今日は特別なんだ」と認識することで，余計に緊張感が増します。結果，ぎこちない雰囲気で授業を進めることになります。これは，授業研究会のときなども同様です。緊張の根本は「よく見られたい」という欲求です。いわば，見栄，世間体であり，授業には不必要なものです。これを「ありのままを見てもらう」ように意識転換する必要があります。

ここで切り返し！

余裕を見せることが肝心です。緊張するとわかっているからこそ，ユーモアで空気を和らげて余裕をつくります。緊張感には，次の切り返しです。

切り返しワード　皆さんいつも通り，とってもお行儀がよろしゅうございますね。

言葉自体は何でもいいのですが，とにかくいつもと違う，かしこまった硬い状況を，あえてユーモアで表現して笑いを誘います。他にも妙に顔がこわばっているときなどは「今日は待ちに待った，みんなで笑わない我慢大会の日ですね」とか，「今日は，何か特別に悲しいことがあったんですね？」などと言って「そんなわけない」というバレバレの嘘を伝えます（ただし，ユーモアと受け取られない場合もあるので，どの言葉を選ぶかの配慮は必要です）。

また，緊張感をほぐす別の方法として，「ゲームから始める」「いきなり活動に入る」というような手もあります。国語なら百人一首やことわざカルタ，算数なら計算フラッシュカードや前時の復習問題をいきなり板書する，社会科なら県名カルタや歴史人物カルタ，理科なら用語ビンゴから入る，などなどです。活動に意識が集中するため，無駄な緊張は一気になくなります。

子どもの実態に合わせて，うまく緊張をほぐしていきましょう。

成功の秘訣

・緊張している，またはリラックスしようとダイレクトに伝えない。
・余裕をもって，笑いで緊張をほぐす。

運動会の練習でクラスがまとまらないとき
▶子どもたちに選択させよう

　6月の運動会の学年団体種目，5年生は「ムカデ競走」をやることになりました。しかし，1組は担任が練習をしようと投げかけても，ふざけていて全く上達が見られません。そんな中，ふざけていた子どもがきちんと足を合わせなかったため，まじめにやっていた子どもが転んでケガをしそうになりました。叱ると，今度はふてくされて，やがて何人かが「もうやらない」と言い出してしまいました。ふざけた態度は一向に改まることもなく，当然運動会の本番でも失敗をし，負けたこと以上にきちんとやらなかったことに怒る子どもも出て，散々な結果になりました。

なぜ？どうして？

　運動会のような大きな行事に取り組むとき，学級の状態が顕著に現れます。この例では，そもそも運動会は何のために，誰のためにあるのかという根本的なところを見失っています。「それがあるからやる」では，やる気が起きるはずがありません。低学年のうちはそれでもある程度通じる面もありますが，高学年になるほど，それでは通じなくなります。「ふざけている人が得をして，まじめな人が損をする」という構造が出来上がっています。特に，運動会の学年団体種目のように，協力しないとできないものに関しては，この構造を壊していかないと，学級経営が泥沼化します。自ら運動に取り組み，みんなで協力して全力でやることの意義を感じさせる必要があります。

ここで切り返し！

未来の姿を自分たちで選択させます。ふざけていたら，次の切り返しです。

切り返しワード　全力の運動会と適当な運動会，どっちにしますか？

「一生懸命やらないといけない」という価値感から，一旦離れましょう。放っておくと，誰のためにやる行事なのかを見失います。あくまで，学習は全て自分のためです。仲間のためにがんばったことが，結果的に自分に返ってくるだけの話です。すなわち，誰のためにやるのかということを再認識することです。たとえ適当にやっても，運動会は終わります。ただ，その後に何が残るのかです。それを，自分たちで選ばせます。真剣に話し合えば「適当にやって負けるのは嫌だ」という結論になるはずです。私は加えて，次のような言葉も伝えます。「勝ちにいかねば，価値はない」。つまり，最初から負ける気でいるなら，やる意味はないということです（決して勝利至上主義ではなく，どちらかといえば過程重視です）。

全力でやった勝負の結果は，勝っても負けても，きっと何か清々しいものが残るはずです。逆もまたありきで，適当にやった後の結果は，何かしこりが残るでしょう。子どもたちに問いを投げかけることで，想像力を働かせましょう。

成功の秘訣

・「自分たちの未来は選べる」という事実を伝える。
・勝ちにいく過程に価値があることを共通理解する。

記録が伸びずに悩んでいるとき

▶見えない成長を自覚させ，希望をもたせよう

　毎年恒例の，市内陸上記録会。市内の多くの学校が参加し，練習を重ねた選手が出場します。6年生のA君は，100m走の選手候補として練習に励んでいましたが，最初の記録が出て以来，何をしても一向に記録が伸びません。あの手この手で練習メニューを工夫したり，フォームを改造したりしましたが，記録は一向に伸びずにいます。まじめにやっても記録が伸びないので，「先生，本当に練習の意味があるのかな」と相談してきました。確かに記録の変化がないため，「う〜ん，がんばっていることに意義があるんじゃないかな？」と答えましたが，A君は納得のいかない様子でした。

なぜ？どうして？

　努力しているのに伸びないというのは，続けるのがつらいものです。最初からある程度よい記録が出ている場合，逆に指導していく点が少なく，そこから伸びるのに時間がかかることがあります。記録が伸びない時期があるのは当然という構えがまず必要です。とんとん拍子に上がり続けるものではないという思いがあれば，声かけも変わってきます。

　また，うまくいかないからといって，やたらにフォームに手を加えるのも考えものです。オリンピック級の選手を見ても，それぞれかなり独自のフォームで走っています。身体のつくりにあった走りがそれぞれ違う以上，子どもの走るフォームは頻繁に手を加えないのが原則です（ただし，指導して，結果的に変わることはあり得ます）。

ここで切り返し！

「努力をしても全然伸びない」と悩んでいるときには，次の切り返しです。

切り返しワード　　努力がだんだん溜まってきているね！

この言葉と併せて，次の「努力の壺」というお話をします。

「大きな壺に，水を注ぎます。壺の中にどれぐらいの水が入っているのか，外からは見えません。しかし，注ぎ続けるたびに，確実に中に溜まってきます。いつわかるかというと，壺から水が溢れ出したときです。先の陸上の記録でいうと，この溢れ出したときが，一気に記録の伸びるときにあたります」。

また，右の図を見てください。「プラトー現象」というものを示した図です。右方向が時間の流れ，上方向が成長だと思ってください。

プラトーとは，成長が伸び悩んだ状態（高原状態）を指すもので，この時期を経て，一気に伸びる時期がきます。この繰り返しです。こういったことも，知っているといないとでは，努力を続けるモチベーションが変わってきます。

こういった話や視覚的にわかる図を示すことで，意味のない努力ではなく，確実に前進していると自覚させ，安心させてあげましょう。

✧ 成功の秘訣

・目に見えない努力の成果の存在を示してあげる。
・指導者は諦めずに，信じて励まし続ける。

集団運動で仲間を責め始めたとき
▶自分に何ができるか考えさせよう

　校内の長縄大会で8の字跳びがあり，5年1組はクラスで練習をしようということになりました。練習を始めると，いつも同じところでひっかかります。見ると，運動の苦手なAさんと，Bさん，C君のところです。気の強いメンバーからは「ちゃんと跳んでよ！」との声がかかります。本人たちはまじめにやっているのですが，一向にうまくいきません。何度練習しても記録は伸びず，やがて『Aさんたちがいなければ勝てるかも……』という思いをもつ子どもも出始めてしまいました。そんなある日，Aさんが学校を休みました。家庭訪問をしたところ，「8の字跳びの練習が嫌。学校に行きたくない」とのことでした。

なぜ？どうして？

　根本的に，集団運動への取り組み姿勢が間違っています。長縄のように全員で力を合わせて記録を伸ばすような集団運動の場合，集団内でそれを最も苦手とするメンバーをどうサポートするかに成否がかかっています。適当に一つの集団をつくれば，そのメンバーに得手不得手が出るのは必然です。それを「あの人のせいで」というような発想でいると，「最も苦手」が次々に誰かしらに回ってきます。ここで考えるべきは，登山にたとえるなら，最も歩くのが遅いメンバーへの配慮です。その仲間のために自分は何ができるのか。荷物を持ってあげることかもしれないし，後ろからサポートすることかもしれません。特に余裕のある得意なメンバーほど，仲間のためにどう力を提供するかが大切です。

ここで切り返し！

苦手な人を責めるような空気が少しでも出始めたら，次の切り返しです。

> **切り返しワード**　自分はみんなのために何をがんばれるかな？

「一人はみんなのために，みんなは一人のために」という精神です。得意な者が，苦手な者をサポートするということを，常に基本姿勢とします。そもそも，毎回ひっかかるAさんが悪いとは限りません。実はAさんの前のD君が縄に入るのが遅いせいで，Aさんに時間的余裕がなくなっているのかもしれません。D君が遅いのも，そのもっと前のメンバーに原因がある可能性もあるのです。さらに追求すると，そもそも全員の並び方が悪いのが原因かもしれません。回し手の縄の回し方ももっと工夫ができるはずです。

このように考えていけば，全員何かしら自分にも努力・工夫ができる点があるはずです。どんなに上手でも，これ以上できないということはありません。こうやって工夫していくと，Aさんが跳べるようになります。すると，また違った子どもが次のレベルで困り始めるのです。そこでさらに，「自分にできること」の工夫を繰り返します。こういった活動を通して，相互協力的に問題解決ができる集団が育つことになります。長縄などの集団運動は，その点で優れた教材になり得ます。

✦ 成功の秘訣

・「一人はみんなのために，みんなは一人のために」を基本に考える。
・全ての原因を自分に戻して考え，自分にできることを探す。

6年生を送る会で，気持ちが入っていないとき

▶将来の自分たちを想像させて「自分事」にしよう

　毎年3月に開かれる6年生を送る会。準最高学年である5年生は，実行委員として中心となってこの会の担当をすることになっています。しかし，一部の子どもを除いて，やや意識が低いのが懸念でした。言うことをよく聞き，決められたことはきちんとやる一方，自分たちから動くというのは苦手とする子どもたちです。話し合いをしても「去年と同じ」という例年通りの計画で，創意工夫が見られず，新しいアイデアが出ません。練習もとりあえずはしっかりやるのですが，今一つ熱が入っておらず，成長の様子が見取れるような会にはできませんでした。

なぜ？どうして？

　この例では，5年生の当事者意識が足りていません。「行事があるからやる」「担当に決まっているからやる」という意識で，半ば当番をやるような気分で参加しています。当然，よいものをつくろうという意識も，アイデアも出ないことになります。この会の準備が最高学年に向けての準備，練習期間であり，ひいてはこれが来年度の自分たちが「送られる会」の基準をつくっているという意識がありません。その意識を変えさせない限り，自分たちでつくろうという気持ちにならず，あれこれ指示されるので自尊感情も育ちません。

ここで切り返し！

「送る会」を運営するにあたり，5年生全体で集まった最初の段階で伝えます。

> **切り返しワード**　自分たちが来年してもらいたいような会にしよう。

　何となく他人事になっているところを，当事者意識に切り替えさせます。
　自分たちがつくるレベルが，来年の「6年生を送る会」の基準になることを自覚させます。意外と，来年は自分たちが送られるという意識が足りなかったりします。
　このように話すと，「こういうのをしてほしい」「こんなことをしてもらったら嬉しい」「こういう気持ちでやってほしい」というような考え方ができるようになります。他人がどんなことをすれば喜ぶかということを想像するための最初のステップは，まず自分に置き換えて考えることです。こうすると「開会式で盛り上がるダンス発表があったらいい」「途中で6年生に関する劇をやって思い出を振り返りながら笑わせたい」「写真や映像で学校の思い出を振り返ってもらいたい」「閉会式はキャンドルサービスみたいにきれいで静かな雰囲気をつくりたい」など，様々なアイデアが出てきます。
　中には，子どもだけではできないようなアイデアもありますが，そこは指導者の出番です。手助けをしながら，だんだん手を離して自分たちだけでできるようにしてあげ，子どもと一緒に，最高の会をつくっていきましょう。

成功の秘訣
・「来年は自分たちがしてもらう」という前提で考えさせる。
・喜んでもらうために，自分がしてほしいことで想像させる。
・子どもたちに，段階を追って少しずつ委ねていく。

行事指導

マラソン練習でいつも最後にゴールする子どもには
▶視点を変えて価値づけをしよう

> A君はいわゆる肥満児で、マラソンが大の苦手。10月から始まったマラソン練習では、いつもゴールは最下位で、そのたび「もうやりたくない」とこぼしていましたが、担任はいつも「がんばれ！」と声をかけていました。ある日、A君は「すごくがんばってるけど、ビリなんだってば！」と感情を爆発させました。次の練習から、A君は「足が痛い」と言って、マラソン練習は見学するようになってしまいました。

なぜ？どうして？

マラソン練習でいつも決まって一番最後にゴールしてくる子どもは、たいてい何かとしんどい子どもです。体が重すぎたり、極端に運動経験が少なかったりして、少し長い距離だと足が重い上に呼吸もつらく、まともに走ることができません。なんとか練習には参加していますが、それも学年が上がるにつれ、肉体的なつらさ以上に、精神的なつらさが強くなります。子どもにもプライドがあるので、毎回最後にゴールしてくること自体が恥ずかしく、走るのが嫌になります。

この子どもを指導者がどう見るかがポイントです。順位という他人との相対評価で見ると、低評価にならざるを得ません。しかし、本人の中に成長があり、その行為が素晴らしいものであることを自覚させていく必要があります。

⚡ ここで切り返し！

「いつもビリでもう嫌だ」には、本当に心から立派だと称賛するに尽きます。次の切り返しです。

> **切り返しワード**　今日も自分に勝ったよね。その逃げない姿が本当にかっこいい。

これを、身振りも加えて、本心で伝えます。なぜなら、マラソン練習が苦手で、今日もビリかもしれないとわかっているにもかかわらず、逃げずに練習に参加しているのです。ずるをして、逃げることはいくらでもできるのに、それをせず、苦手に挑戦しているのは、大変尊い姿だと思います。だから、参加したことと、全力で完走したことに価値があることを伝えます。

逆にいえば、そこそこの順位でも、それが真剣でないなら、やった価値はないということです。大切なのは、自分との競争。昨日までの自分に勝てたか。正確には、自分に「克てた」か、です。自分に打ち克つことを「克己(こっき)」といいます。こういう言葉も、この機会に教えましょう。

なお、これらの指導は、個人的にするだけでなく、クラス全体の前でも行います。最下位の子ども以外にも、当てはまる話だからです。逃げずに完走した自分に、どの子どもも誇りをもてるようにします。

担任は、参加した全ての子どもが「つらかったけど、やってよかった」と言えるようにしたいものです。

✨ 成功の秘訣

・競争相手は自分自身であり、全力で完走したことに価値があると心得る。
・クラス全体で「挑戦することの尊さ」への価値づけをする。

演劇発表会で自分を解放できない子どもには

▶「舞台の上では別人」を意識させ，変身させよう

　秋の演劇発表会。学年ごとに全校で劇を発表するということで，舞台での練習にも熱が入ります。しかし，一部の活発な子どもを除いては，どうにも活動が上達せず，せりふも棒読み状態。「もっと感情込めて！」「もっと大きな声を出して！」と言えば言うほど萎縮してしまい，向上が見られません。最初はみんな楽しみにしていた演劇練習も，次第につまらないものになっていきました。

なぜ？どうして？

　子どもは本来，別人格に変身して遊ぶのが好きです。いつもの自分と違う人物になるのが楽しいのです。幼児期は，空想の世界でヒーローになったりアイドルになったり，空を飛んだりしているものです。ですから，本来は演劇が好きな子どもは多いです。

　それが，やっていく中で，「ダメ出し」されていくので，嫌になったり心が折れたりしてしまいます。歌や踊り，演技などは，心が柔らかく躍動していないと上達が望めません。小学校の演劇発表の練習においては，叱りながらやるとうまくいかないことが多いのです。

　また，恥ずかしがって演技ができない子どもも多くいます。自分がどう見られているかというプライドが邪魔をしています。これを取り払う必要があります。

ここで切り返し！

自分が演技していると思うから，いつもとキャラクターが違って恥ずかしいのです。恥ずかしがっている子どもには，次の切り返しです。

> **切り返しワード**　今はあなたじゃなくて，○○になって。

そこにいるのは自分でなく，役者やアイドルの○○という意識に切り替えます。○○には「うさぎ」などの役柄名が入っても構いません。役者というのは別人格に変身するもの。要は変身できればいいのです。

そのために，まずは教師自身が恥を捨てて，思いっきり演技するところからです。子どもたちは，普段と違う，思いきって演じている教師を見て驚き，拍手をくれます。「恥ずかしがるのを見るのが一番恥ずかしい」ということを伝えます。

ちなみに，一番役をつくりやすいのが「おじいさん・おばあさん」の役。つとめてゆっくり動いたりしゃべったりすることで，比較的容易に演じられます。子どもは，すぐ真似をします。これをきっかけに，他の子どもの演技が変わってきます。

そして，子どもが少しでも演技の向上を見せたら，すかさずほめます。かなりほめます。そして「こうするともっといい」とプラスワンの指導。これを繰り返していきます。別人格になる楽しさを大いに味わうチャンスにしましょう。

成功の秘訣

・まずは教師が自分を一旦捨てて，別の人格に切り替える。
・上手な子どもを例に，どうやればいいのかを全体に示す。
・演劇練習では，ほめてほめてほめまくってから，教える。

合唱発表会で真剣に歌おうとしない子どもには

▶自分一人の価値や大切さに気づかせよう

　全校での合唱発表会。クラスそれぞれが集会に向けて合唱練習をしています。しかし1組は，A君を中心とする何人かの男子が，いつもふざけています。その陰で，そもそも歌おうとしない子どももいます。練習を重ねても，いつまでもまともに歌うことなく，担任や音楽の担当の先生が何度叱ってもほめても，まじめにやろうとはしません。やがて，真剣にやっている子どもたちは，何とかしてくれない教師と何度注意してもふざけている男子たちの両方に不満をもち始めました。絆を強くするはずの合唱で，クラスの仲間の心の距離はどんどん広がっていってしまいました。

なぜ？どうして？

　歌わない子どもがいる——どのクラスでも，必ず起きることです。むしろ，歌わない子どもの方が多くて困っている場合も少なくありません。そもそも，歌わないのではなく，歌えない可能性もあります。うまく歌えないから，歌おうとしないのかもしれません。歌わない子どもが多くいると，「自分一人くらい歌わなくても大丈夫」という意識が生まれてきます。つまり，その活動における自己有用感がない状態です。放っておくと，きちんと歌わない子どもが，連鎖的に増えてきます。まじめにやっている子どもが馬鹿馬鹿しく思えてくるようになります。この状態は，何かしら指導をしないと自然に改善されることはありません。集団に埋もれている中の「自分一人くらい」の意識を壊していく必要があります。

⚠ ここで切り返し！

「自分一人ぐらい歌わなくても大丈夫」という心理があるので，この意識を正していきます。次のたとえ話の切り返しです。

> **切り返しワード**　きれいな水に一滴の泥水。飲みますか？

一人残さず文字通り「全員」の力を求めるためのたとえ話です（「泥水」は「おしっこ」にすると，もっとインパクトが強くなります）。この水の例は，99.9％きれいな水でも，ほんの少し汚いものが入ってしまったら，飲みたくなくなってしまうものだと伝えています。合唱は，全員でつくる一つの作品です。

全体として何となくよいように見えても，その中にたった一人だけふざけている人がいたら，もう台無しなのです。歌がうまいとか下手とかは関係ありません。ただ一つ，一生懸命でありさえすればいいのです。その心が歌声にも身体全体にも現れ，パフォーマンスになります。

また，ふざけてしまう子どもの気持ちに寄り添うことも大切です。歌が苦手なせいで，無意識にふざけることで誤魔化していることもあります。「目や口を大きく開けて歌うことも立派な表現」「顔と身体で表現しよう」など，歌声以外の部分でも，がんばれることはたくさんあることを教えます。合唱発表会では，全員が何かしらで「私は〇〇を全力でがんばった！」と言えるように指導していきましょう。

✦ 成功の秘訣

・「自分一人ぐらい」の意識を正す。
・歌が苦手な子どもにもがんばれるポイントを教えてあげる。

卒業式の練習に気持ちが入っていないと感じるときは

▶卒業式は，終始一貫して常に「最高」を求めて

　3月，6年生は卒業式の練習が始まります。卒業式の練習は，式典の練習である以上，型がある程度決まっています。毎回がほぼ同じ練習で，しかもほとんどが待っている状態ということもあり，回を重ねるごとにだれてしまいました。「もう練習はいいよー」という子どもも出てきて，いつの間にか卒業式練習が生徒指導の場のようになっていきました。

なぜ？どうして？

　卒業式は，今までの指導の集大成が見える行事です。それは，子どもたちの「心」が現れる行事だからです。そして，忍耐力も求められます。卒業式で最も長い時間行うのは，座った姿勢です。姿勢を正し，祝辞などを粛々として聞く。これは肉体的にも精神的にも自律と我慢が必要であり，教育があってこそ可能です。適切な指導をせずに臨めば，式は確実に乱れます。

　今回の例では，最初の時点での指導に失敗しています。「卒業式を型通りにやれるようにする」ということが，目的化しています。卒業式の練習をする意義は，そこではないはずです。「卒業式があるから練習する」というような意識では，ただの我慢大会のような練習になってしまい，やらない方がましということになりかねません。そもそも，型通りにやるだけが目的なら，1回やれば済む話で，何度も練習する必要はありません。卒業式練習そのものに対する意識を根本的に変えていく必要があります。

ここで切り返し！

卒業式の練習中，何度も次の切り返しを使います。

> **切り返しワード**　それは今の最高ですか。

この切り返しを使うため，卒業式の練習の最初に，次のように語ります。

極端なことを言えば，卒業式練習は，1回やれば，とりあえずの形にはなり，本番を迎えることも可能です。では一体，何をしに来ているのでしょうか。それは「最高の姿」に近づくためです。卒業式は，小学校生活最後の授業なのです。

みなさん，今日は「最高の姿」を勉強しにいくのだと考えてここまできていますか。もし自覚しているなら，「最高の姿勢」「最高の起立・着席」「最高の礼」「最高の証書授与」「最高の返事」，常にこれらのイメージをもち，近づける努力をするはずです。

残り少ない貴重な時間を使ってまでの卒業式練習。どうせやるなら，最高の姿を目指す最高の時間にしていきませんか。

ちなみにこれは，元教師の横山験也先生（現在「さくら社」社長）の語りを参考にしています。練習の最中には，ことあるごとに「それがあなたの出せる精一杯の最高の姿なのですね」と問いかけます。子どもは「違います」と言って，さらに上の姿を見せてくれます。よくなったら「さすがです」と向上したことを認め，ほめます。この繰り返しです。一回ずつに意味のある練習を重ねて，最高の卒業式にしていきたいものです。

成功の秘訣

・卒業式の意義を最初に本気で語る。
・常に最高を求め続ける。

コラム

しつけは「躾」 身を美しくする

　礼の話に関連しますが，たとえば私のクラスでは，給食のときにも「姿勢を正して」の後に「いただきます」と言います。この「姿勢を正す」という行為は，しつけです。何度も意識的に繰り返していく中で，行為が無意識化するように身につけていくものです。

　しつけは漢字で「躾」。「身を美しくする」という構成の漢字で，礼儀作法を身につけるという意味です。裁縫で，縫い目を正しく整えるために仮にざっと縫い付けるという意味もあります。田植えの意味もあり，縦横がきちっとそろうことからきているそうです。

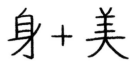

　躾は身を美しくします。姿勢を正して立腰を意識し，学習に臨ませるのも躾の一つですし，返事もあいさつも食事のマナーも，全て躾です。自由がよしとされ，型にはめることを嫌がる傾向もありますが，物事をよく知らない段階において，まずは基本の型をきちんと教えていくことはとても大切で，それがある程度できてから「次」に行けばよいのです。日本の伝統文化における「守破離」の「守」です。

　正しい躾がされてないまま育った子どもは，ひねくれます。真っ直ぐさ，素直さがなくなります。すると，正しい指導が入りにくくなり，本人にとって不幸です。一方，躾をきちんとされた素直な子どもは，幸福です。

　これは，周りの大人の責任です。普段の過放任，甘やかしが原因です。

　低学年までに躾がしっかりしていると，高学年での学級経営が大変スムーズになります。低学年時の躾とは，ガチガチに縛りつけることではなく，正しく整えるためにざっと仮縫いする程度のことです。外れたらさっと確実に直しておきます。仮縫いができていれば，本縫いがきれいにできます。

　低学年だからと諦めず，日常の躾の徹底を大切にしたいものです。

第5章

保護者&同僚を味方にする！

コミュニケーションに効く「切り返し」の技術

　教育は，自分一人ではできません。保護者や同僚など，一緒に教育に当たってくれる人との連携・協力があってこそのものです。しかし，そのコミュニケーションの大切さと難しさは，誰しもが感じていることと思います。

　ここでは，子どもを教えるに当たって重要な保護者や同僚という，対大人への切り返しについて提案していきます。

「宿題が多すぎる」と言う保護者には

▶各家庭の方針にじっくりと耳を傾けよう

　ある家庭から「うちの子は習い事が多すぎて，宿題をやる暇がない。先生の出す宿題が多すぎる」と言われました。「どの子どももやってきているので，やらせてください」と頼んだところ，その場では「わかりました」という返事をもらえ，一見納得したようでした。しかし，実は不満を抱えたままで，「A先生は家庭への理解が足りない」と周りの家庭に漏らしていることがわかりました。

なぜ？どうして？

　この失敗の核の部分は，「きちんと家庭の事情を聞かないで，学級経営の都合を優先した」という点です。「習い事が多くて宿題をやる暇がない」という点について，もっと詳しく聞くべきです。各家庭にはそれぞれ事情があり，その価値観は多種多様です。たとえば，家庭の事情で家事の全てをその子どもがやっている場合があります。学業に主婦業がついて回れば，子どもにとっては少しの宿題もかなりつらい状況です。また習い事にしても，その家庭にとっては最重要事項のことがあります。その子が一流のピアニストになることが家族全員の夢で，そのために全てを注いでいるのかもしれません。「それでも宿題ぐらいはできるはずだ」と思うのは，こちらの価値観です。特に宿題のように，学級を離れて家庭の状況に踏み込むものについては，相手の状況や価値観に合わせるようにしていく必要があります。

!/ ここで切り返し！

とにかく，家庭方針とは対立しないように，次の切り返しです。

> **切り返しワード** ご家庭の方針をお聞かせください。

　まずは話をよく聞きます。時には，家庭の都合に添うことも必要です。「保護者に負けた」などと，間違っても思ってはいけません。保護者と担任は，子どもの成長という目標を共にする仲間です。同時に，保護者の方が担任よりも圧倒的にその子どもに対しての責任があるという点も忘れてはいけません。担任が直接関われるのは一年ないし二年程度ですが，保護者は一生です。責任の背負い方と重みが全く違います。学級経営方針より家庭方針の方が，その子どもにとっては圧倒的に上なのです。

　指導に一貫性をもたせることと，個別に対応を変えることは両立できることであり，別ものです。保護者が「事情があって宿題ができない」というのなら，家庭を変えようとするのではなく，こちらの対応を変えます。

　ただこの場合，特別対応をする代わりに条件をつける必要があります。それは「可能な限り事情を全体に周知すること」への承諾です。同じ集団内において，特別な配慮をするわけですから，本人と周りの子ども両方にとって必要になります。教師は周りの子どもが「それなら仕方ない」と納得するように，可能な限り丁寧に説明します。それがないと，その子どもが陰で何か言われたり，いじめられたりする原因にもなり得ます。伝え方が悪いと，場合によっては，「差別している」と担任が非難されることにもなりかねません。「子どものためにできる最高の対応をしたい」という誠実さが伝わるようにしましょう。

成功の秘訣

- 自分は子どもの健やかな成長を共に願う仲間であることを伝える。
- 家庭の方針が学級経営方針に優先する場合もあることを自覚する。
- 特別対応をする際は，周りの子どもへの配慮を忘れない。

「〇〇してください」の要求が続く保護者には

▶協力を求めよう

　Aさんは持病があり，子どもの頃から入退院や手術を繰り返していました。そのため，家庭からいろいろと特別な配慮を求められることも多くありました。保護者も必要以上に手をかけてしまいがちです。そのせいか，本人はがんばれば自分でやれることもやらなかったり，直接要求を言わず，親に伝えたりということが多く見られます。

　些細なことでの「注文」が重なっていた上に，ある日対応が難しい要望の電話があり，「申し訳ありません。そこまではできません」と伝えました。するとその保護者は急に怒り出し，教育委員会へ直接クレームの電話をされてしまいました。教育委員会はこちらの事情を汲み取って適切な対応をしてくれましたが，そこまでAさんのために一生懸命に尽くして対応してきただけに，何だか暗い気持ちが残りました。

なぜ？どうして？

　要求全てに無条件で応えていくと，それがエスカレートして，いつかはできない要求になります。しかし，簡単には断れないのも事実です。また，保護者の要求というのは，本来保護者自身がどうにもできずに困っているから言ってきているという事実にも目を向ける必要があります。また，子どものための要求ではなく，保護者のための要求である場合もあり，そこの見極めが必要です。どんな要求も無条件にのみ続けていると，断ったときの不満も大きくなります。担任と保護者は子どもの成長を願う協力者であるという原則に立ち返る必要があります。

ここで切り返し!

保護者と担任は,子どもの成長を共に願うチームです。チームメイトは,共にがんばる運命共同体の存在です。次のように伝えます。

切り返しワード　わかりました。一緒に協力していきましょう。

保護者の願いは叶えたいところです。そこで「わかりました」とまずは相手の話を受け止めるのが原則です。しかし,担任だけががんばるより,保護者と一緒にがんばった方が効果は上がります。保護者と担任は,車の両輪です。片側だけが回っても前には進まないのです。

たとえば,「箸のきちんとした持ち方を指導してください」と言われたとします。「それは家庭教育の分野でしょう」と断りたいところですが,ここも一旦は受け止めて,一度でいいからしっかりと教えればいい話です。その後で,次のように伝えます。「今日はお箸の正しい持ち方を教えました。上手にできましたよ。これから家でも毎日練習するように伝えてありますので,毎日見てあげて,できたらたくさんほめてあげてくださいね」。これを真面目にやるのは,この要求を出すような保護者にとっては,かなり面倒だと思います。なぜなら,学校に「箸の持ち方を指導して」と要求するぐらいだからです。そこがポイントです。こちらが大変なことは,相手も大変なのです。そこを共有します。担任一人で抱えずに,やるからには共同実施です。また,時々は電話や家庭訪問で進捗状況を伝え合うのも大切です。共感とフォローの姿勢は崩さないようにし,信頼関係を構築し続けましょう。

保護者編

成功の秘訣

・個人的な要求に対しては担任だけで抱え込まず,保護者に協力してもらう。
・要求は一旦受け止め,とにかく一度はやってみる。
・面倒がって避けると,もっと面倒になることを心得る。

子どもに担任の不平・不満を言う保護者には

▶懇談会で，先手必勝で保護者に不満を要求しよう

　文教地区にあるA学校は，教育熱心な家庭が多いため学校への要望も高く，「若い先生は指導力が不安」という声も多く聞かれます。子どもたちも，「B先生の言うことなんて聞く必要ない」ということを普段から保護者に言われているようでした。そのため，叱っても諭しても，あまり効き目がないようでした。あるとき，保護者に指導についての連絡を入れたところ，「それは先生が間違っているのでしょう。ちゃんと子どもの指導について勉強してください」と返されてしまいました。

なぜ？どうして？

　こういった保護者とのトラブルは，若い教師が最も悩むものの一つです。特に若い教師は，年齢のせいもあって，保護者に下に見られがちな傾向にあります。最初の授業参観や懇談会の段階で頼りなさを感じさせてしまい，既に信頼感を損なっていることもあります。それが何となく伝わってくるから，余計に及び腰になるのもわかります（逆に，妙に自信がありすぎる感じも，反感を買いやすいので注意が必要です）。

　教師と保護者が「敵と味方」の関係にすり替わってしまっている点が誤りです。いつでも教師と保護者は子どもを成長させるための「仲間」でなければなりません。若かろうが経験が浅かろうが，子どもにとって担任は担任であり，目上の存在であることに変わりはないのですが，この考えが保護者の側にはないことがあります。ここの関係をきちんと築けるよう，保護者には意識的にお願いをしておきます。

ここで切り返し！

これは，実は切り返しというより先手必勝です。4月の懇談会で保護者全体へ次のようにお願いします。

切り返しワード　不満や疑問は子どもへ言わず，直接私へお願いします。

子どもの前で担任はじめ教師への悪口を言わないようにということをお願いします。子どもは，親の言葉に感化されます。親の影響で，教師に対し斜に構えてしまっては，学びを吸収できません。一方で，親の教師への不満は必ずあるという前提で，受け入れて改善する姿勢を示します。

これとセットで「どうか，先生方の言うことを聞くように言ってきかせてください」と，お願いをします。一方で担任は，子どもたちに「お家の方に感謝し，言うことをよく聞くのですよ」と常々話すことも伝えます。このワンセットが成立すれば，子どもは安定します。大好きな自分の親が，先生の言うことを聞けという。その先生は，親の言うことを聞けという。何も矛盾が起こらず，子ども，親，教師の三者全員にとって幸せです。

これを，懇談会では「ねじのモデル」で伝えます。右のように，大きなねじの絵を描きます。ねじは，子どもそのものです。大きなねじを，親と教師，二人で両側から回すことをイメージします。両者が同じ方向に力を加えれば，ねじはどんどん回って移動します。正の方向なら上向き，負の方向なら下向きです。また，両者が真逆の方向に力を加える場合，ねじは動かず，ねじ自体  が傷む上，力を加えている側も疲れます。担任と保護者は，「子どもの成長」という共通の目的をもった一つのチームでいきたいという志を伝えておきましょう。

成功の秘訣

・担任と保護者は，子どものよりよい成長を願うチームであると心得る。

我が子の悪いところを並べたてる保護者には

▶別の角度から光を当てよう

A君は、勉強は苦手でも、とっても元気な男の子。けれど、A君の親は何かと心配性で、我が子に対して「もっとこうあるべき」という願望が強くあります。

個人面談では、「うちの子どもは本当に勉強が嫌いで、家でも遊んでばっかりなんです。もっと勉強しないといけないと思うんですけど。このままでは、ダメですよね、先生？」とのこと。実際、学習面でやや問題があると感じていた担任は、「お母さんの言う通り、もっときちんとやらないといけないと思います。算数の授業中では……」と、実際に困った場面を挙げながら、具体的に説明をしていきました。他にも直してほしいところを丁寧に伝え、何事もなく面談は終わったように思えたのですが、「やっぱり先生はうちのAをよく思ってなかった」と家族の話題になっていたのでした。

なぜ？どうして？

まず教師の側の大原則として、「どんな場面においても、子どもへの批判や悪口に同意してはいけない」というのがあります。これは、対保護者だけでなく、あらゆる場面において同様の大原則です。実は、このような話をしてくる親の心中には、自分の子育てに対して否定的なイメージがあります。うまくいかない子どもの現状へ責任を感じているわけです。つまり、この親の話に乗ってしまうと、子どもを否定することになり、ひいては目の前の親を否定することになります。絶対に乗ってはいけません。

ここで切り返し！

心配しすぎている親を安心させてあげるために，次の切り返しです。

> 切り返しワード　**それが，○○さんのよさとも言えますね。**

短所は長所で，長所は短所です。つまり，見方の問題です。光の当て方次第で，見え方が変わるのと同じです。

勉強は苦手でも，休み時間になるといきいきとしてすぐ外へ飛び出す子どもがいます。それを「友達と遊ぶのが大好きな元気な子ども」と見ることもできるし，「勉強しないで遊んでばかりの子ども」というように見ることもできます。実際，どちらも事実なのです。ただ，光の当て方で違った面が見えているだけで，子どもが示す事実は何も変わりません。ただ，子ども自身のもつイメージは，周りに言われたようになります。特に，親の言葉は人格に強力に影響します。教師の言葉も，親ほどでなくとも，かなり影響力があります。この両者から言われたら「自分はこうなんだ」と思い込むでしょう。

親の我が子否定は，むしろ肯定してほしいという深層心理の裏返しです。ここまできちんと育てているのですから，ダメなわけがありません。教師がちょっと指導に困っている程度のことは，この場ではどうでもいいのです。親子共々肯定します。子どもの悪さを見る教師，よさを見る教師。親として，どちらに協力しようと思えるかは，明白です。結果，期せずして担任が助かることにつながるでしょう。

成功の秘訣

・親の「我が子否定」には，絶対に便乗しない。
・よい面が見える方向から光を当てて，思いきりほめて安心してもらう。

こちらの意見をなかなか理解してくれない保護者には

▶割り切ることもときにはしてみよう

　A君の親とは，なかなか馬が合わず，考え方が正反対という感じで，事あるごとにぶつかってしまいます。担任として何かを言っても，聞く耳をもってもらえないのです。給食指導一つとっても，担任は「好き嫌いなく食べる」ことを大切にしていますが，A君の親は「自分も，嫌いなものは食べない」という理由で，指導方針に対して反対の意見を手紙で伝えてくる有様です。
　こんなことが続いているうちに，「ママがこう言ってたから」と，子どもが担任の指導を聞かなくなってきました。

なぜ？どうして？

　方針というのは人の数だけ無限にあります。たとえば宗教が違ったら，同一歩調は難しい場合があるのと同じです。そして，繰り返しになりますが，親と教育の方針でぶつかってはいけません。担任がきちんと学級経営の方針をもっていることは必須ですが，併せてそれに合わない子どももいるという前提は常にもっておく必要があります。そして，教育方針の第一義は，親の側にあります。担任とその子どもはその一年だけの付き合いかもしれませんが，親子は一生ものです。方針が真逆の場合は，親側に合わせるのが最初にとるべき原則です。学習塾のようなものなら，合わないから塾を辞めてくださいということも通用するかもしれませんが，公教育の学校においては，その論理は通用しないのです。

ここで切り返し！

大原則は，争わないことです。次の切り返しです。

> **切り返しワード**　ご意見ありがとうございます。ところで私は，こう考えています。

　まず，相手の意見をきちんと聞きます。どんなに納得がいかなくても，徹底的に聞く場面からです。十分意見を聞いた上で，初めてこちらの考えを示します。この順番が逆だったり，交互に述べて混ざっていたりすると，話がこじれます。互いに絡まりながら別方向のことを主張するからです。これが二本の紐なら，ほどけなくなります。保護者に対して「まず我慢して私の話を聞いてください」というのが通用しないのは自明の理です。保護者の側が「まず先生から先に話してください」という場合を除いては，こちらが聞く方が先です。その上で「ところで」と，別の話として自分の話を聞いてもらいます。この話す場面でも，相手の意見を否定したり引用したりはしません。あくまで別の一つの話として，自分の用意した話をするだけです。それが，たまたま相手の方針と真逆でも構いません。考え方の違いです。

　相手に「こうして，ああして」と求めるのを「YOUメッセージ」といいます。これは，他者改善です。一方，「自分はこうしたい，こう考えている」というのを「Iメッセージ」といいます。自己開示です。自己開示をして，考えを知ってもらうだけでいいのです。そうすれば，互いに，なぜそうしたいかはわかります。正しさとは別の話と割り切って，お互いの考えを知ることができれば，方針を無理に合わせなくても，違ったベクトルのまま進むこともできます。

成功の秘訣

・無理に方針を一致させない。聞いて話した上で，相手に合わせる。

相談事を持ちかけてきた保護者には

▶相手の内にある答えを引き出そう

　人と話すことが大好きなA先生。個人面談に対しても苦手意識はあまりありません。聞かれたことにはどんどんアドバイスをしていきます。「お母さん，それはここが悪いんですよ」「こうするとうまくいきますよ」「もっとお子さんの気持ちを考えないと」……などなど，どの質問にも的確に答えていきました。
　ところが，保護者の間では「何から何まで上から目線で腹が立つ」とよくない評判が立っていました。

なぜ？どうして？

　このA先生は，もともと世話好きで，悩んでいる人がいると助けたいタイプです。責任感も強く熱い心の持ち主で，人に教えることを仕事とする教師には，割と多いタイプといえます。悩みを打ち明けられても，前向きに励ますことが多いのですが，これが意外と相手にとっては不満の種になりやすいものです。アドバイスをされるということは，現状の否定です。師匠と弟子のように，「教えを授け，受ける」というような関係性が温まっている場合は別として，多くは「ダメ出し」に聞こえます。保護者も子育てに悩んでおり，その中でベストと思える選択をし続けてきた結果なので，まだ出会って一年足らずの教師に否定されるのはあまり気持ちのいいものではありません。相談してきたのは保護者の方ですが，実はアドバイスを聞きたいのではないということを心得ておく必要があります。

⚠ ここで切り返し！

原則として，相談事を受けたらアドバイスはしないで，次の切り返しです。

> **切り返しワード**　それで，どうなってほしいですか？→どうしたいですか？

　カウンセリング手法で，まず相談の奥にある保護者の「本当はこうなってほしい」という願望を「どうなってほしいですか？」で引き出します。その後で「どうしたいですか？」と尋ねることで，内にある答えを引き出します。ここでもわからず意見を求められた場合，その段階で初めて「自分は，こう思います」という意見を述べます。つまり多くの場合，教師の意見は不要です。

　そもそも，相談事をするという行為は「単に話を聞いてもらいたい」というのがほとんどで，特に深刻な悩みを除いては，自分が話して聞いてもらえればもう満足という場合が多いものです（「女子会」の会話に耳を傾ければ，それがわかります。たいてい，みんな自分のことを話しっぱなしでほとんど聞いておらず，「うっそー」「ところでさー」の連発ですが，何となくその場は盛り上がっているようです）。

　つまり，相談事の答えは，相手の内にあると考えます。また相手の求めていることは，否定ではなく肯定です。保護者の「こうしてがんばってはいるんですが。どうもうまくいかなくて……」という相談には，「よくがんばってらっしゃるのですね」と肯定的に受け止め，アドバイスは控えます。具体的なアドバイスをするよりも，気持ちを汲む方がよほど大事だからです。保護者と教師が信頼関係で結ばれれば，子どものたいていの問題は解決します。何のための面談の時間なのか，目的に立ち返って，よい関係づくりを目指しましょう。

✦ 成功の秘訣

・相談事は，話を聞いてもらうことが相談者の第一の目的と心得て，聞くことに徹する。

コラム

「親が悪い」と批判する前に

　子どもの全てのベースは，家庭教育でつくられます。親がどうあるかというのは，子どものあり方に大きな影響を及ぼします。

　では，子どもにとっての「理想の親」とは，どんなものでしょう。
　様々なアンケートがありますが，多く上位に挙げられるのは，次のような要素です。
　「家族想い」「明るい」「優しい」「話をよく聞いてくれる」「自分のことを理解してくれる」「やるべきこと（家事・仕事）をきちんとやってくれる」……
　どれも，納得の結果です。これは「理想の教師像」とほぼ一致しています（「理想の妻・夫」とも共通点が多そうです）。

　つまり，教師として以前に，普段の家族や友人への接し方が仕事でも出るということです。教室の中だけでいい格好をして立派なことを言っても，子どもの心には響かないということになります。子どもは，大人の本質を見抜くプロです。ごまかしは効きません。

　立場を変えて見ると，親の側も必ずしも理想通りにはなっていないということです。親の側も，悩んでいます。教師が成長中なのと同様，親も成長中です。理想から遠い，不完全な自分のよくない点が自覚できているからこそ，他を責めたくなるものです。教師も，そうではないでしょうか。

　「親が悪い」と責めているうちは，「担任が悪い」という批判は免れません。親も教師も，子どもの前に立ちながら，理想の大人になれずに，思うようにできずに悩む同じ仲間という意識をもって，協力していく姿勢が大切です。

「モンスターペアレント」のレッテルにご用心

　モンスターペアレントという言葉が一般的になって久しいです。語感からして，ものすごい名称です。日本語訳すると「怪物親」「化物親」です。
　親を「モンスター」と言い切ってしまえば，全ては親の責任になります。世論にしては珍しく，ある意味，教師側を擁護する言葉と言えます。

　ただ，世間一般がそう見るのは仕方がないとして，果たして教師がこの言葉を安易に用いていいかどうかは，立ち止まって考えてみるべきところです。
　教師側も，過去にありがたくないレッテルを貼られた歴史があります。「でもしか先生」などもその一つで，戦後から高度経済成長の時代，人員不足で誰でも教師になれる時代に「仕方ないから先生にでもなるか」「先生ぐらいにしかなれない」という動機で教師になった人を指します。確かに，そういう人もいたのかもしれませんが，その時代であっても，高い志をもって教師になった人の方が多いのではないかと思います。それなのに，一部の人が新聞沙汰になった影響で，ちょっとしたミスにも「これだから，でもしか先生は……」などと言われたら，哀しいことです。
　悪いレッテルを貼られれば，その通りに悪くなります。子どもも親も教師も，みんな同じことです。だからこそ，教師は同じような対応をしてはいけないと考えます。
　実際，対応が大変な親は確かに存在するようです。しかし，その全てが「モンスター」などという強烈な言い方をすべき相手かどうかは疑問です。その訴えの正当性は，本当にゼロでしょうか。それよりも，自分にできることや直せる点はないか，前向きに対策を考えていけば，大きくレベルアップするチャンスにもなります。対応が難しい子どもがいたら，きっとそうするはずです。自分の修業のために現れた特別な人だと思って，「モンスター」などと切り捨てずに，可能な限り前向きな対応を心がけたいところです。

ベテラン教師との関係に悩んだとき
▶相互提供の心で効率UP

　初任者のA先生はいろいろと気づかないことが多く，同学年のベテラン先生から授業の進め方，服装や言葉遣い，礼儀などの指導をよく受けています。

　一方，このベテラン先生はパソコンが苦手で，すぐ作成できるような簡単な文書でもかなり時間をかけて作るので，遅くまで残っていることが多くありました。そのためA先生は自分だけ先に退勤することもできず，一緒に残業が常態化。そうして疲れて遅くに帰って，十分に休めないまま出勤という悪循環が続いてしまいました。

なぜ？どうして？

　経験年数が浅いうちは，仕事全般をベテランの先生から指導されるのが当たり前です。実際，若い頃は，周囲がいちいち口出しをしたくなるぐらい，できていないものです。自分では「なかなかできている」と思ってしまうのは，「若気の至り」です。先輩教師には，教えて育てたいという責任感が強くあります。ただ，話は「受け手9割」のところがあるので，関係性が悪いと，どんなよいアドバイスも，小言に聞こえてしまいます。

　また，この事例にあるように，ベテランの先生より早く退勤することに抵抗感がある人も多いと思います。しかし学年の仲間の先生の退勤が遅いということは，学年の仕事が残っているということ，つまり自分に関係する仕事が残っているということです。こういうときこそ，ぼーっと見ている場合ではなく，恩返しのチャンスと捉え，積極的に動く必要があります。

⚠️ ここで切り返し！

　一方的に何かしてもらう関係から，自分のできることを提供することで，相互扶助の関係になります。次の切り返しワードです。

> **切り返しワード**　任せてください。＆ 教えてください。

　後輩に頼られるのは，嬉しいものです。そもそも，教師は人に教えるのが好きな人がなる仕事です。教えたことに対し，お礼を言われて悪い気はしません。また，手がかかり，よく頼ってくる若手を，煩わしいとは思わないものです。逆に，「何でもできる」雰囲気をもっててきぱきやっていると，敬遠されることがあります。そういう雰囲気を出しやすい人こそ，「教えてください！」の一言に絶大な威力があります。

　一方，教師の仕事の中に，若手が得意でベテランが苦手なものも多数あります。その代表格は，運動とパソコンです。物を運んだり体を動かしたりする類の仕事などは，若手の出番です。また，表計算ソフトやプレゼンテーションソフトを用いた作業などは，代わりにやるとありがたがられることが多いです。

　本来順番としては，先に「任せてください！」で，次に「お願いします！」または「教えてください！」です。この相互関係ができていれば，若手とベテランお互いが頼り合うことができるのです。

✦ 成功の秘訣

- 「自分は授業をはじめ仕事全般が未熟。教わって当然」という自覚をもつ。
- 自分で全部やってしまうのも，頼りっぱなしも両方×。
- 得意を100％提供する＆不得手は頼る。
- 「任せてください！」の提供で，「教えてください！」がより生きる。

同僚編

校務分掌が重いと感じたとき
▶気持ちを切り替えるひと工夫をしよう

　新卒3年が終了して異動した先の新しい勤務校。「6年担任」かつ「体育主任」かつ「研究副主任」を命ぜられました。実は，6年生は前年度に学級崩壊を経験している学年。5月にはすぐに運動会があり，その後も体育行事が山ほどあります。加えて，次年度には公開研究会が控えていました。目の前のことを処理するのに手一杯の日々で，「なんで自分ばっかり……」という思いが拭いきれないまま，残業を繰り返す毎日。愚痴をこぼしている間に，あっという間に1年間が過ぎてしまいました。

なぜ？どうして？

　若手の教師には割とよくある事例です。3年目を越えた後は「新人」の枠を脱しており，元気もあると見なされるため，気力と体力がいるような重めの校務分掌を任されやすい頃です。また，異動してくる人は「新しい風」といわれ，期待もされているものです。重い仕事が多いということは，活躍の場も多いということにつながります。ここで応えるような仕事ができれば，一気に波に乗れます。
　逆に，せっかく任された仕事を嫌々やったり周囲に愚痴をこぼしたりしていると，次年度になって急に楽なポジションを与えられることがあります。これは，管理職に「見切られた」ということにほかならず，特に若い先生にとっては忙しいこと以上に残念なことです。忙しいということ自体にありがたみを感じられるように，考え方を切り替える必要があります。

ここで切り返し！

次のように常に自分に語りかけるようにします。「自分切り返し」です。

> **切り返しワード**　分掌にこそ，プラスワン。

　学級経営をがんばるのは，普通のことです（そこで手を抜けば，担任である自分に直接返ってくるので，誰しもがんばらざるを得ません）。一方，学校全体の仕事である校務分掌は，多少手を抜いても，直接自分には返ってきません。例年通りにやっていれば，何事もなく過ぎていきます。だからこそ「余計なことをいかにやれるか」が勝負の分かれ目です。

　1年目にいきなり着手する必要はないかもしれませんが，やっていると，あらゆることにかなり無駄があることに気づくはずです。いちいち作らなくても済むようなものを毎年作り直していたり，職員会議で提案すればいいものをわざわざ後になって追加で配って説明していたり，まとめや後始末が悪いせいで毎年探したり直したりするのに苦労したりしています。これらのことは，わざわざ工夫しなくても，来年度の人が同じようにがんばれば済む話かもしれません。しかし，ここで自分が一肌脱ぐことで，後の人たちが楽になると考えるとどうでしょう。後に引き継ぐ先生が楽になれば，その先生のもつ子どもたちに還元されます。それも，その後何年間も，です。場合によっては，学校全体の子どもにも影響が出るかもしれません。学級担任の仕事ではできないような大きさの仕事ができます。具体的には，次のようなことです。

・古い不要な取り組みをカットする。または新しい取り組みをつくる。
・アナログ資料をデータ化する（エクセルなどの表データにまとめる）。
・分掌に関わる物を入れた倉庫を整理して，シールを貼るなど見やすく，使いやすくする。

　分掌こそ，得意分野の能力を最大に発揮しましょう。

成功の秘訣

・何もしなくても流れるところこそ，ひと工夫してみる。

同僚編

注意を受けて凹んだとき

▶そんなときこそ,謝罪と感謝をセットで伝えよう

　2年目のA先生はやる気十分。体育主任を任され,張り切っています。昨年度の運動会で全校綱引きをしたところ,グラウンドの状態が原因で勝敗が分かれると噂になっていました。どうも土の状態が場所によって違い,それで勝敗が決まるとのこと。そこで,A先生は放課後,若い先生仲間を集め,校庭の土をスコップで掘り返し,どの場所も同じ状態になるようにならしました。

　しかし,教務主任に報告に行ったところ,「校長の許可はとったのか」と厳しく叱られました。会議で提案したわけでもなく,独断で行ったものでしたが,グラウンドの状態がよくなったのは事実。その場は一応の返事をして謝ったものの,不満な気持ちが残りました。

なぜ？どうして？

　この事例の場合,何が間違っていたのでしょうか。よかれと思ってやったことで,かつよい結果が出た場合でも,「筋を通さない」という行動は認めてもらえないものです。職員会議の存在意義もここにあります。提案にないことを後になって平気でどんどん追加する人がいますが,ビジネスの場においてこれはルール違反です。職員会議の意味がありません。予想できることならば会議で事前に承認を得るべきです。この場合,教務主任の先生の取った対応は筋として正しいものだったといえます。つまり,きちんと管理職に許可をとらないで独断で行動したのが失敗原因です。特に,グラウンドに何かを作るといったような施設の改変行為を行う際は,絶対の原則です。

ここで切り返し！

もうやってしまったことなので，取り返しがつきません。これに尽きます。

切り返しワード 　申し訳ありません。教えてくださり，ありがとうございます。

　ルール違反であるとわかった以上，言い訳せずにまずは謝罪です。原則を知らずにルール違反をしたのです。たとえるなら，初めてサッカーの試合に出て「オフサイド」と判定されるようなものです。ラグビーで「前方にパス」するようなものです。とにかく，違反時にきちんとルールを教えてくれる人は貴重です。そうしないと，また同じミスをするからです。実際の仕事では，審判と違って，その人に注意をする義務があるとは限りません。それでも言いにくいことを言わねばならない立場の人は，大変です。注意して反発されるかもしれません。その泥を被るつもりで，あえて教えてくれているのです。

　右に示すのは，私の尊敬する野口芳宏先生の「叱られ方の作法」というものです。子ども向けのものでありながら，大人にも通ずる原則です。最後は「感謝」なのです。だからこそ「あいつは教え甲斐がある」と，可愛がってもらえる存在になるといいます。

　言いにくいことをずばりと言ってくれる先輩や上司の存在は，かけがえのないもの。大切にしましょう。

叱られ方の作法
1　受容
2　反省
3　謝罪
4　改善
5　感謝
『野口流　教師のための叱る作法』野口芳宏著（学陽書房，2010）より

成功の秘訣

- 「良薬は口に苦し」の諺を思い出し，まずはのみ込む（受容）。
- 叱られることでルールを知ると心得る。
- 言ってくれた相手へ，感謝の気持ちを行動と言葉にして伝える。

職員会議で提案が通らないとき

▶「子どものため」に立ち返ろう

　体育主任2年目を任された，校内で最若手のA先生。校内の体育部の先生方とも話し合いを持って，校内行事の一つとして「校内縄跳び大会」を企画しました。

　しかし，いざ職員会議での提案になると，ベテランの先生を中心に，「何で縄跳び大会？」「ただでさえ忙しいのに，今さら新しい行事をつくるなんて大変」「必要あるの？」といった声が上がります。A先生はしどろもどろで答えることができず，引き下がってしまいました。周りの先生方には，若いA先生の背中を後押ししてあげたい気持ちがある人も多くいたのですが，本人があっさりと取り下げてしまったため，提案は通らず，会議が終了してしまいました。

なぜ？どうして？

　校内に新しい行事をつくるというのは，どんなにいいものであっても反対が必ず起きます。生物は，本能的に新しいものに対して危険を感じたり抵抗感をもったりするものだからです。しかし飛行機が飛び立つ際に滑走路で逆風を受けるのと同じで，新しいことをして飛び上がるときにはそうした反対はつきものです。新しく何かを始めるというのは大変エネルギーの要ることであり，それは職員全員に負担がかかるため，嫌がる人がいないわけがありません。それでも提案を通すには，きちんとした提案根拠に，周囲の理解と，提案者の強い信念が必要です。職員会議で提案するときは，そのあたりの心構えを十分にしておかなければなりません。

！ここで切り返し！

本来，学校は「子どものため」が全てです。次の切り返しです。

> **切り返しワード**　もしやれたら，子どもがどうなるか考えませんか？

　この点について，熱く，厚く語れないといけません。若者の生半可な思いつきに快く付き合ってくれるほど，みんな暇ではないのです。ただし，本当に子どものためになりそうということが論理立てて説明され，提案者の熱い思いが伝わるならば，話は別です。多くの人は，「大変そうだけど，しょうがないな」と一肌脱いでくれます。そうならないときは「子どものためになる」というメリット以上に「大変そう」というデメリットが勝っている証拠です。さらに「安全性」に問題があるときも確実に通りません。

　また，反対が出そうな点（これは，特に主張したい点がそうなりやすい）について，周囲の意見を収集して対策を立てておくことも大切です。中でも，いつも職員会議でよく気づいて意見を述べる人や，鋭い意見を言うベテランの先生には，あらかじめ相談して意見をもらっておく方がいいです。相手が忙しそうでも「相談があるのですが，お時間のあるときで結構ですので，○○先生のご意見をいただけないでしょうか」と一声かけて文書を渡せば，たいていは快く意見をもらえます。事前の情報収集をして提案内容を精査しておけば，会議での貴重な時間を無駄に浪費することを避けられます。

　熱い思いと厚い根拠で，子どものために提案を通していきましょう。

✦ 成功の秘訣

・提案では「子どものため」という芯が絶対にぶれないようにする。
・負担をかけるのも承知で「何が何でもやりたい」という強い信念をもつ。
・「安全性」は絶対外せないキーポイント。

同僚編

おわりに

　ここまで様々な「切り返し」の仕方を紹介してきました。どれも，私自身が実際の場面で使ってきたものばかりです。
　ところで，「教育の本質」とは何でしょう。
　私には，事あるごとに，子どもに繰り返し問いかける言葉があります。

> 学校は，何のために来るところなの？

　子どもたちは，それぞれ様々な解をもちます。私自身は「よくなるため」という解をもっています。登校したときに比べ，下校するときには何かがよくなっている（成長している）ということです。人間ですから，ときに後退してしまうこともあるかもしれません。それでも，明日はよくなろうと再チャレンジを続けます。
　自分自身には，次のように問いかけます。

> 自分は教師として，学校に何のために来ているのか？

　自分自身が今ここにいる意味は何なのか。極端な話ですが，自分の対応によって子どもが悪くなるのなら，いない方がいいわけです。一方で，人間は，失敗をするものです。それが，本書で紹介してきた失敗事例の数々です。そして人間は，失敗から学べます。それも，都合のよいことに，他人の失敗からも学べるのです。

　あらゆる場面で「子どもがよくなる」という本質を見据えて指導します。それも，短期的ではなく，長期的視点です。
　たとえば友達への言葉遣いが悪いときに，ただちに正すか，見守るか。こ

れも，相手に応じて，長期的視点をもって「切り返し」の対応を変えます。

　言われている相手の子どもが「その言葉は傷つくよ」と言えそうなら，それを見守るか，きちんと嫌だと伝えるようアドバイスしてあげます。言っている子どもにとっても，第三者の教師の言葉より響くので，両者の成長にとってプラスになります。

　また，放っておいても気づきそうな子どもなら，放っておきます。人に言われるより自分で気づく方が上策だからです。短期的には我慢が必要なことでも，長期的に見たときに効果がある方の手段をとります。

　あるいは，言い返せなさそうな子どもが一方的に言われている様子なら，「それは傷つく言葉だよ」と直接指導することもありえます。

　つまり，様々な切り返し事例を挙げてきましたが，「この場合は絶対これ！」というのはないというのが嘘偽りのない本音です。それは，教師と子どもは「人間対人間」だからです。生身の人間同士の本気のぶつかり合いという意識です（もしこれが機械相手で決まった反応があるなら，どんなに楽で，そして味気ないことでしょう）。いつでも，動き続ける局面での真剣勝負なのです。だからこそ，多くの失敗事例と成功パターンを知っておけば，対応の幅が広がり，後でよかったと思える場合が増えるのです。知識と経験は貴重です。

　本質を長期的に見据える視点。この視点があれば，読者の皆さんだけのオリジナル「必殺切り返し」が生まれることと思います。

　本書が志ある先生方の「最高の切り返し」を生み出すきっかけとなり，それが全国の教室の子どもたちのやる気と笑顔と成長につながれば，何よりの幸いです。

松尾　英明

【著者紹介】
松尾　英明（まつお　ひであき）
1979年宮崎県生まれの神奈川県育ち。現在，千葉大学教育学部附属小学校で体育を専門に研究。教員14年目。千葉県の自然風土をはじめとする様々な魅力にひかれ，現在は千葉県の南房総に移り住む。「教育を，志事（しごと）にする」という言葉を信条に，自身が志を持って教育の仕事を行うと同時に，志を持った子どもを育てることを教育の基本方針としている。野口芳宏氏の「木更津技法研」で国語，道徳教育について学ぶ他，原田隆史氏の「東京教師塾」で目標設定や理想の学級づくりの手法についても学ぶ。

著書に，『子どもの顔がパッと輝く！やる気スイッチ押してみよう！元気で前向き，頑張るクラスづくり』（明治図書，飯村友和氏との共著），また，分担執筆の本として『クラスを最高の雰囲気にする！目的別学級ゲーム＆ワーク50』『学級を最高のチームにする極意』シリーズ（いずれも赤坂真二編，明治図書），『準備運動指導のすべて―てんこ盛り事典』『器械運動指導のすべて―てんこ盛り事典』（いずれも根本正雄編，明治図書）がある。

また，自身のメルマガ「『二十代で身につけたい！』教育観と仕事術」が「まぐまぐ大賞」2014，2015と連続受賞，ブログ「教師の寺子屋」で，日々の実践を紹介している。

学級経営サポートBOOKS
新任3年目までに知っておきたい
ピンチがチャンスになる「切り返し」の技術

| 2016年2月初版第1刷刊 | ©著　者 | 松　尾　英　明 |
| 2017年11月初版第8刷刊 | 発行者 | 藤　原　光　政 |

発行所　明治図書出版株式会社
http://www.meijitosho.co.jp
（企画）佐藤・林（校正）清水　聰
〒114-0023　東京都北区滝野川7-46-1
振替00160-5-151318　電話03(5907)6703
ご注文窓口　電話03(5907)6668

＊検印省略　　　　　　組版所　株式会社アイデスク

本書の無断コピーは，著作権・出版権にふれます。ご注意ください。

Printed in Japan　　　　ISBN978-4-18-190712-9
もれなくクーポンがもらえる！読者アンケートはこちらから　→